経営コンサルタント
砂田 淳

10メートル先の100万円

# 目からウロコの
# 売上げ限界突破法

まえがき

# 10メートル先の100万円!?

いきなりですが、あなたが持久走にチャレンジするとします。よーいドンで走り始めます。5km、10km……**とにかく「限界」まで走ります**。次第に、息が切れて、足が痛くなり、もうこれ以上走れない状態で、倒れこんだとします。

そのときです。倒れこんだあなたの目の前に、あなたの会社の社長がやってきて、「さらに1km走れ。でないと、クビだ!」と言われます。

クビになっては大変なので、何とかあと1km走りました。もう、これ以上、本当に走れません。今度はたとえクビになっても、構いません。それこそ限界です。

そこに、私が現われて、あなたの**10メートル先に100万円の札束をポンと置きます。**

「触ったらこの100万円あげます」と言ったら、どうしますか？


続きは本文で読んでもらうとして、ここであなたに問います。

「限界とは何ですか？」

## 雨の日にガソリンスタンドで洗車がドンドン売れる!?

もうひとつ、今度は私が耳を疑った話です。

**雨の日に、1日最高62台も洗車を売るガソリンスタンドがある**んです！

実はこれ、当社アデイナスで、「売上げ限界突破法」コンサルティングをしている神戸のあるガソリンスタンドでの出来事です。「雨の日に洗車を売る」という、突拍子もないことを提案し、そのための販促ツールも提供しました。でも、まさか、そんなにたくさんの人が、雨の日に、洗車をするなんて……。

誰が、雨の日に、わざわざスタンドで、しかも、お金を払ってまで、洗車をしますか？

そのスタンドの洗車の営業時間を考えると、62台と言えば、1時間当たり6〜7台、10分に1台もの割合です。晴れた日でも、そんなに多くはありません。

普通なら「あり得ない!!」ことですよね。

それが現実に起きるんです。ほんの少し、見方を変え、手の打ち方を変えるだけで。

この本は、そんな**「あり得ない!!」ことを起こし、「限界突破」する!!**のがテーマです。

そのための具体的な考え方、ノウハウ、ツールを詰め込んだ本です。

机上論ではありません。

1990年10月以来、当社アディナスが全国約1000ヵ所のクライアント拠点で、実践してきた、実証済みのノウハウです。

実際、岐阜のクライアントの杉山マネージャーは、お手伝いする前に、売上げ限界突破法の内容を説明したときは、なかなか信じられなかったといいます。それが、開始1ヵ月で業績が大幅にアップしたのを目の当たりにして、「今回の指導で、**どんどん売れるので、まるでアディナス・マジックにかかったみたい**。半信半疑だったけど、これだけ販売ができたら、本当に信じるよ」と、うれしい声を聞かせてくれました。

必ず奇跡が起きる！……なんてことは、保証できません。

でも、必ず、変わります。考え方や手法だけでなく、あなたの会社やあなた自身の何かが、この本を参考にして、実践することで、変わります。

今、この時点で、予言できることがあります。今、あなたが感じている限界が、読み終えたあと、そんなに限界だとは感じなくなる……と。

必ず、限界意識が変わります。元気が出ます。やる気が起きます。だから、行動が変わります。成果が変わります。

限界突破への道を歩んでいるあなた自身に出会えるのです。

2006年8月

著者

# 10メートル先の100万円

目次

## 目からウロコの限界突破法

CONTENTS

まえがき　10メートル先の100万円!?

第1章　WIN・WINで、限界突破!　15

10メートル先の100万円が意識と行動を変える

◎10メートル先の100万円　◎あきらめたところが限界

流されるカエル

◎リーダーが流されると、組織全体が流される　◎顧客志向ではなく、「顧客思考」

◎「WIN・WIN」4つのパターン

あなたと奥さんは「WIN・WIN」?

◎「WIN・LOSE」は会社を潰す

哀れなサル

◎自分にとらわれずに、相手の「WIN」を優先させる

コーヒーカップ理論で視点が変わる

◎相手を変えようとしてもダメ　◎こうすれば相手の立場に立てる

事例紹介1
総合ギフト卸会社・エンヤ　田中勝則社長
「W-I-N-W-I-N」の実践で新規客増加

## 第2章　目からウロコの「W-I-N-W-I-N7ポイント」
## 売上げ限界突破のための7つのポイント

57

◎目からウロコの「W-I-N-W-I-N7ポイント」
◎「必要性・NEEDS」と「ほしさ・WANTS」はどう違う!?
◎安売りしないことと安心保証作用
◎広告作成・トークマニュアル3ポイント
◎お客様の関心を一瞬にしてひきつける魔法のトーク

## 第3章「あり得ない!!」ことを起こす実践法
75

# 事例でつかむ売上げ限界突破のコツ

◎雨の日に、スタンドで、洗車1日最高62台

### ◎タダでもダメ、半額でもダメ。最も売れた価格は……

◎有効期限5分間？ ◎白い詰め物？のW−I−N・W−I−N7ポイント ◎「ホワイトフィットって、ご存知ですか？」 ◎「えっ？ 何それ？」って、お客様が聞きたくなる魔法のトーク ◎実際にトークをしてみよう！

### ◎切れたネックレス、片方だけのピアス買います！

◎奥様！ それ捨てるんですか？ ◎切れたネックレスや片方だけのピアスで、売上げ月間700万円

### ◎隠れたターゲットを見つけて上場

◎ゴルフ場で集客するための「W−I−N・W−I−N」企画 ◎温泉に行くより「W−I−N」だからヒット確実

◎「必要だが、ほしくない商品」「ほしいけど、必要ではない商品」を売るコツ

**◎シャワートイレの乾燥機を売るコツ**
◎歯医者さん、美容院の時間戦略　◎割引などやめて、売上げアップ！
◎あなたの会社の「W-I-N・W-I-N7ポイント」実践

## 第4章「重点行動シート」があなたを変える！ 123
## 奇跡を起こす、習慣を変える方法

◎限界に気づくための「限界認識シート」　◎ゴールが定まっていたフェイディアス
**◎的がゆれると、当たらない**
**◎成功者の3条件**
◎優勝シーンを完璧にイメージ　◎ゴールまでを紐でつなぐ
◎志とは、自分の人生をかけた理想、使命　◎1人の志が1万人を変える
**◎限界突破のための「重点行動シート」**
◎重点行動項目は5つ以上書くのがコツ

事例紹介2　神戸のK社「重点行動シート」が会社の危機を救った
事例紹介3　販売チェーンN社「重点行動シート」で若手スタッフの実績アップ
質　問1　能力の低いスタッフの目標レベルはどうすべきか？
質　問2　数字目標のない事務職の目標設定はどうすべきか？
第5章　情熱温度1000度　169
熱い念いで、変えよう

◎変われないことが、大変
## ゆでガエル
◎成功体験を捨てる
## なぜ、あの業界は消滅したのか
◎分かっているのに変われず消滅　◎反省なくして、発展なし　◎すべてを自分の責任として受け止める　◎なぜを5回繰り返し、真の原因を発見する　◎教訓とは応用力、次に生かす力　◎エレベーターの教訓
## お金をかけず、誰もができる解決策とは
◎ディズニーランドのウエイティング対策　◎あの大投手がホントにすごかったワケ　◎3つの壁
## 心の壁を超える、つぶやきの秘密
◎日々の行動改革、OJTや実践的訓練で「行動の壁」を超える
## 炭火理論
◎まずは自分の心に火をつける　◎情熱温度は1000度！

## 第6章　仕事も人生も本当に変わりました！

### 限界突破事例

209

**事例4**

ガソリンスタンドで粗利益2倍！

**奇跡のV字アップをやり遂げた店長カワさんと仲間たち**

◎本当は「W-I-N・W-I-N」であるのに……　◎「12月初日、カーケア粗利105万円やりました！」

**【店長カワさんの発表**抜粋）**】**12月限界突破に向けた店づくり

**【質疑応答】**アルバイトのモチベーションを上げるには？

**【サブマネ浜ちゃんの発表】**店長の代わりはオレがする!!

◎「ここまで落ちるか!?」どん底まで落ち込んだ実績　◎「重点行動シート」で、意識と行動が変わった！　◎成功のシナリオは半年前から始まっていた……春のキャンペーン失敗から学んだ

教訓　◎考える集団ができたあるきっかけ　◎事前準備の徹底で見えてきた1000万円　◎思わずほしくなる、目からウロコの販促ノウハウ

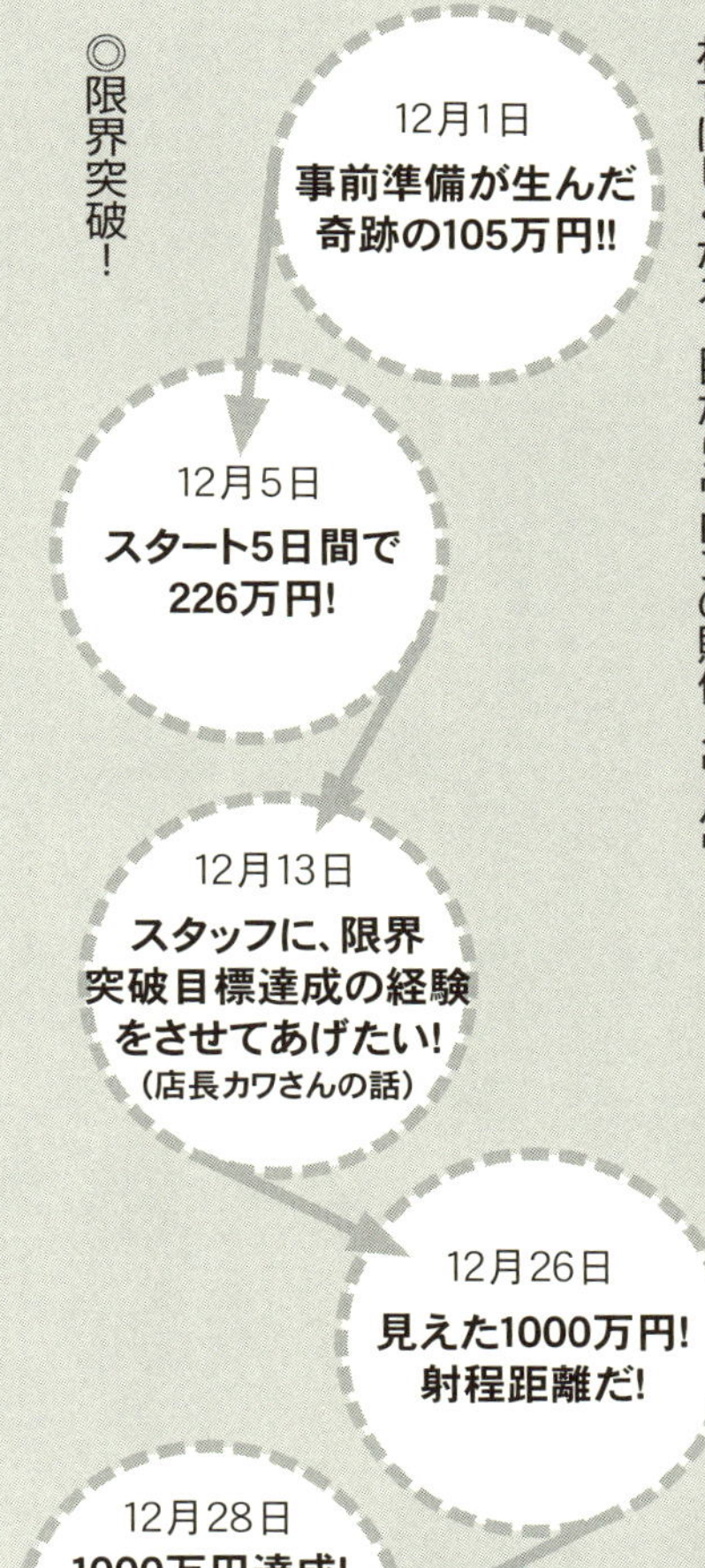
12月1日
事前準備が生んだ奇跡の105万円!!
12月5日
スタート5日間で226万円!
12月13日
スタッフに、限界突破目標達成の経験をさせてあげたい!
(店長カワさんの話)
12月26日
見えた1000万円!
射程距離だ!
12月28日
1000万円達成!
12月31日
やったぜ1102万円!

◎限界突破！

**事例5** 歯科医で売上げ2倍！ **私たち、みんな、こんなに成長しました！**

あとがき　恥をしのんで言いますが……　267

イラスト／太田恵美

# 第1章

# WIN-WINで、限界突破！

## 10メートル先の100万円が意識と行動を変える

## 10メートル先の100万円

この本のテーマは「限界突破」です。「いかにして、限界を突破するか？」がテーマです。

いきなりですが、みなさん、限界と言われて、どんなことを思いますか？

限界と言えば、大きく分けて3つの限界があります。


**「心の限界」**

**「行動の限界」**

**「成果の限界」**


これら3つの限界を突破するために必要な考え方と、その方法について、具体的に述べていきたいと思います。

**「あなたはどんなときに限界を感じますか？」**

この点から考えてみたいと思います。

まえがきでも書きましたが、あなたが持久走にチャレンジするとします。よーいドンで走り始めます。一生懸命走ります。５km、10kmと何km走れるか分かりませんが、とにかく倒れるまで走ります。それこそ「限界」まで走ります。次第に、息が切れて、足が痛くなり、もうこれ以上走れない状態になり、倒れこんだとします。

そのときです。息が上がり、死にそうになったあなたの目の前に、あなたの会社の社長がやってきて、「さらに１km走れ。でないと、クビだ！」と言われます。あなたが社長なら、取り引き先の社長でも構いません。とにかく、さらに走ることを強要されます。

クビになったり、取引停止になってはかなわないので、足を引きずるようにして、何とかあと１km走りました。そこで、また、倒れてしまいます。

もう、これ以上、本当に走れません。今度はたとえクビになっても、取引停止になっても、構いません。それこそ限界です。

そこに、私が現われて、あなたの**10メートル先に100万円の札束をポンと置きます**。「触ったらこの100万円あげます」と言ったら、どうしますか？　はってでも、取りに行きますよね（このあとが、まえがきからの続きになります）。

10メートル先ごとに、100万円の札束をポンポン置いていきます。どこまで、取りに行きますか？　そんなこと聞くまでもないですよね。大金持ちならいざ知らず、どこまでも、取りに行きます、普通は。

まあ、それはいいとして、ここで改めて問います。

「限界とは何ですか？」

最初に、倒れこんだ時点で、「もうこれ以上は走れない、限界だ」と言っていたはずです。さらに、「1km、よけいに走れ」と言われ、フウフウ言いながら、はうようにして、走り、「もうクビにでも何でもしてくれ」とさえ、言ってたはずです。にもかかわらず、10メートル先に100万円の札束を置かれたら、限界などなかったように、嬉々として、取りに行く。

では、あの限界とは何だったんですか？

## あきらめたところが限界

「限界とは何か？」

この点を考えるに際して、3つのポイントがあります。

**1点目は、「限界は誰が決めるのか？」**

そして、**「どんな基準で決めるのか？」**ということです。

体力の限界や機械性能の限界など、客観的な事実としての限界はあります。でも、限界は誰が決めるかと言うと、多くの場合は、自分が決めます。しかも、勝手な基準で決めるんです。

つまり、**「限界とは、自分が勝手に決める」**ということです。

**「あきらめたところが限界」**です。だからこそ、「あきらめるな」ということです。「もうこれ以上はムリ……」と、あきらめたところが、限界なんですね。

特に、人が直接かかわるような仕事に関しては、この通りです。機械の性能や機能に関しても、同じです。現時点での性能、機能上の限界はあります。ただ、あきらめずに開発や改善を続けることで、どんどん限界は突破されていきます。

人類の歴史は限界突破の連続です。

今から100年前には、マラソンで3時間を切るのが限界でした。今ではどうですか？2時間を切ろうかというところまできています。1時間も記録は縮まりました。

人の能力面の限界突破だけではありません。やはり、100年前、初の大衆車、T型フォードが世に出ました。そのときの最高速度が何㎞だったかは定かではありませんが、時速300㎞を超えるF1とは比べようもないのは事実です。メカニカルな面も限界突破し続けています。

## 2点目は、「限界は突破できる！」ということです。

限界を決めるのが自分であり、しかも勝手に決めるのであれば、自分の意識と行動を変えることで、限界は突破できます。自分で作った限界だから、自分で突破できるんです。

そのキーワードが「10メートル先の100万円」です。

別に、100万円でなくてもいいんです。100万円というお金が大切なのではなく、100万円で象徴した、自分にとって大切な、チャレンジすべき理想や目標・志があるか、ということです。

たとえば、あなたがセールスマンだとして、見込み客を訪問するとします。当たり前のように、何軒行っても断られます。5軒、10軒、20軒と何軒訪問してもうまくいかない。

「セールスは断られてから始まる」「100軒断られてようやく本物になる」などと、先輩から教えられても、断られると、つらくなります。やる気もなくなります。

「俺にはムリなのか、向いていないのか」とあきらめたくもなります。

ところが、さらに10軒先まで行けば、あなたの商品を心待ちしているお客様がいると分かっていれば、どうですか？　さっきまで落ち込んでいたのがウソのように明るい気持ちになって、すぐに行きますよね。

# 発展＝限界突破

**心の限界突破**

↓

**行動の限界突破**

↓

**成果の限界突破**

①限界は自分が勝手に決める

**「あきらめたところが限界」**

***⇒あきらめるな!!***

②限界は突破できる

**「10メートル先の100万円」**

***⇒理想、目標、志が大切***

③甘やかしのワナに陥るな

**「流されるカエル」**

***⇒自分が流されていないか？***

***⇒リーダーが流されると、全体が流される***

実際は、10軒先にそんなお客様がいるかどうかは分かりません。ただ、ガムシャラに根性と努力が大切だと言っているのでもありません。

大きな理想や目標を持って頑張るセールスマンであれば、10軒先にお客様がいることを信じて、努力し、創意工夫もしますが、理想も目標もないセールスマンの場合は、簡単にあきらめてしまいます。

だから、限界突破していくためには、理想や目標・志が大切なのです。

## 流されるカエル

**3点目は、「流されるカエル」の話です。**

あなたの目の前に、川の流れがあるとします。その流れに逆らってカエルを泳がせます。カエルは流されないように、一生懸命に泳ぎます。カエルにも体力の限界があります。限界までくると、力尽きて流されます。

このカエルが最初、100秒間、泳げたとします。毎日100秒間、泳がせます。これを1ヵ月続けます。

2ヵ月目は、90秒だけ泳がせ、すくい上げます。3ヵ月目は80秒、4ヵ月目は70秒と、毎月、10秒ずつ、短くします。最後の1ヵ月間は全く泳がせません。

そして11ヵ月後、このカエルを再び、流されるまで、泳がせます。今回は途中で助けません。

**さて、このカエル、何秒、泳げるでしょうか？**

実験をしていないので、本当のところは分かりません。でも、最初に泳げた100秒間は、もう泳げないだろうなということは分かります。甘やかして、泳がせる時間をどんどん短くしていくと、最初にあった限界値、最高度の力さえ失われてしまうということです。

子供が受験するとします。1年間、ずっと10時間、頑張って勉強し続けて、試験を受けた場合と、最初の1ヵ月は10時間勉強し、次の1ヵ月は9時間勉強し、さらに次の一ヵ月は8時間勉強というように、毎月、1時間ずつ勉強時間を減らし、最後はまったく勉強せずに受験した場合、どちらの方がいい点を取れるか、言うまでもないですよね。

これが3点目のポイント、**「甘やかしの罠《ワナ》に陥るな！」**です。

本来持っていた力も甘やかすことで、どんどんレベルが下がり、なくなっていく。だから、「流されるカエルになるな」と言うのです。

結構、流されるんですね。仕事の面など特にそうです。たとえば、売上げ目標1000万円で、何とか毎月、達成している部下がいるとします。

その部下に、「これからは売上げ目標800万円でいいよ」「500万円でいいよ」と、低い目標を何ヵ月も与え続け、実績も目標レベルに応じて、下がり続けたとします。

1年後、「もう1度、1000万円を売ってくれ」と言ったら、実績はどうなりますか？　簡単には元のレベルに戻すことなどできません。せっかく高水準にあった実力も、甘やかすことで低下してしまうのです。

※「10メートル先の100万円」「流されるカエル」の話は、以前、私と行動をともにしていたパートナーコンサルタントから教えてもらったものです。出典は不明ですが、非常に分かりやすいので、私もセミナーなどでよく使っているものです。

## リーダーが流されると、組織全体が流される

このように私たちは簡単に流されてしまうものです。

必死に頑張ればまだいけるのに、自分に対しても、人に対しても、つい「この程度でいいよ」と甘やかし、限界突破の芽を摘んでしまう。

流される理由は、いくらでもあります。

部下や上司、お客様や競合相手、市場環境、経済や政治、時代など、他人や環境のせいにしようとすれば、キリがありません。

## あなたの会社に、流されているスタッフはいませんか？

自分の周りを見てください。あいつが流されている、ガンはあいつだと思い当たるスタッフは必ずいると思います。流されるカエルはゴロゴロいます。

**もっと気づいてほしいのは、「自分の中にいる、流されるカエル」です。**自分の心の中、意識の中に、何匹もの流されるカエルがいるはずです。

たとえば、クレームなど、仕事中にちょっとイヤなことがあったり、上司や部下との人間関係でつまずいたりすると、すぐにモチベーションが下がります。前の晩、飲み過ぎたり、体調が悪いだけでも簡単に流される人は少なくありません。

あなたが経営者や幹部なら、この点は特に注意してください。

リーダーが流されると、集団そのものが流されます。

ちょっとでも流されそうになったら、思い出してほしいんです。流されるカエルになってはダメだと。そして、自分にとっての10メートル先の１００万円をしっかり持つことです。そうすれば、簡単には流されません、あきらめません。

## 顧客志向ではなく、「顧客思考」

自分が流されるカエルにならず、10メートル先の100万円に向け、限界突破をするための大前提として、私がすごく大切にしている考え方、理念に、「四正道（よんしょうどう）」があります。

限界突破するための基本的な考え方として、外せないものです。

**私の考える「四正道」とは、**

**「愛＝WIN・WIN」**

**「知＝創意工夫」**

**「反省＝教訓活用」**

**「発展＝限界突破」**

**の4つです。**


1つ目が「愛」です。

# 四正道経営

経営とは、愛・知・反省・発展の四正道で
人・モノ・金・情報・空間・時間の経営資源を活かし
その総計以上の成果を上げること。

愛 ＝ WIN-WIN 顧客思考
WIN−WIN／WIN−LOSE／LOSE-WIN／LOSE-LOSE

知 ＝ 創意工夫
知る、学ぶ、知は力なり／素直さ、謙虚さ／学習する組織／創意工夫

反省 ＝ 教訓活用
積極的な反省／自己責任の原則／原因・結果の連鎖を見抜く／教訓をつかむ

発展 ＝ 限界突破
限界は自分が勝手に決める／限界は突破できる／甘やかしの罠に陥るな

「愛」とは与えることです。

誰かを好きとか嫌いというレベルではなく、相手に与えるということです。仕事を通じて、お客様に満足を与える、ニーズに応えるものを提供する。いわゆる顧客思考です。

与える際の自社とお客様の関係を表すキーワードが、「WIN-WIN」です。

「WIN-WIN」の説明の前に、ここで、顧客思考について、少しだけ触れておきます。注目してほしいのは、顧客思考の「思考」という部分です。

普通、顧客思考というと「顧客志向」と書きます。これは顧客の方を向く、顧客に意識を向け、顧客中心にするという意味です。

私があえて「志向」ではなく「思考」という言葉を使っているのは、顧客中心に仕事をする以上、顧客志向は当然のことで、大切なことは顧客の方を向く、志向することだけではなく、顧客のことを思い、考えることだという観点があるからです。

常に、お客様のことを思う、考える。お客様は何を思い、どんなことを考えているのかを、思い、考える。これが大事なことです。

だから、「顧客思考」なのです。

※「四正道」という理念そのものは、『常勝思考』『幸福の法』（ともに大川隆法著）などで説かれている理論です。これに基づき、ビジネス社会で実践し、限界突破するための

理念として、活用しています。

## 「WIN-WIN」4つのパターン

「WIN・WIN」とは自社も「WIN」、お客様も「WIN」ということです。これは社長と部下、あなたとご家族とか、あらゆる関係に当てはまります。

「WIN」とは本来、勝利という意味ですが、ここで言いたいのはただ単に勝つ、勝利するという意味ではありません。価値、繁栄、発展、幸福、成長など、プラスの価値を象徴した言葉として、使っています。

「WIN-WIN」という言葉は、すごく有名ですよね。ほとんどの人が知っていると言っていいほど、一般的になりました。言葉としては知っていても、本質をつかんでいるかと言えば、必ずしもそうではありません。

**「WIN・WIN」かどうかには4つのパターンがあります。**

①「WIN・WIN」＝自分・自社と相手・お客様がともに発展・成功する共存共栄のパターン

②「WIN・LOSE」＝自分・自社が一方的に得をして、

相手・お客様が一方的に損をするパターン
③「LOSE‐WIN」＝自分・自社が一方的に損をして、相手・お客様が一方的に得をするパターン
④「LOSE‐LOSE」＝自分・自社と相手・お客様が互いに足を引っ張り合う、共倒れになるパターン

「WIN‐WIN」とは単なる理念やお題目のことではありません。具体的な関係のことです。その関係は数字で表されます。つまり、**商品やサービスのヒット率、リピート率のことです**。

相手・お客様にとって、自分・自社が提供する商品やサービスが「WIN」であれば、ヒットします。それを利用して、本当に価値があるものなら、リピートします。

「自社はWIN‐WINを目指しています」と言ったところで、ヒット率、リピート率が低いなら、「WIN‐WIN」になっていないということです。

お客様にとって「WIN」であれば、ヒットするんです。買うんですね。

ところが「WIN‐WIN」になっていないと、最終的には、「LOSE‐LOSE」になっ

㊛・知・反省・発展

# 愛＝WIN・WIN
# 顧客思考

| 自分・自社 | | 相手・お客様 |
|---|---|---|
| WIN | ― | WIN |
| ともに成長、発展繁栄する関係 | | |
| WIN | ― | LOSE |
| 自分・自社だけが得をして、相手・お客様は損をする関係 | | |
| LOSE | ― | WIN |
| 自分・自社は損をして、相手・お客様だけが得をする関係 | | |
| LOSE | ― | LOSE |
| 損をする、足を引っぱり合う、共倒れの関係 | | |

**①大切なことは、相手・お客様のWINを考え、ニーズに応えること。**

**②WIN‐WINは、ギブ＆テイクではない。**

**③素直、謙虚、感謝。**

**④WINとは単に勝つという意味ではなく、価値、メリット、成長、発展、繁栄、幸福などのこと。**

てしまうことが、非常に多いんです。

つまり、「ＷＩＮ‐ＬＯＳＥ」「ＬＯＳＥ‐ＷＩＮ」のパターンというのは、どちらかが一方的に負担を強いられる関係です。一方的に損をさせられるパターンです。

こんな関係はイヤでしょ、ホンマに。イヤだから、続かない。2度と買わないということです。

ヒット率、リピート率といっても、どこまでを自社の市場と見るのかによって、変わってきます。今あるお客様との関係だけに限定すれば、特定の得意客に支えられ、結構「ＷＩＮ‐ＷＩＮ」になっているように見えることもあります。

ヒット率、リピート率とは、本来の市場に対してのことです。本来の市場とは、今ある特定のお客様だけではなく、あなたの会社の商品やサービスの潜在的な市場規模に対してのヒット率、リピート率です。

あなたの会社がある商品を販売しているとします。全国で10万人の市場があったとします。会社の供給力、販売体制、営業ネットワークなどからみて、このうち1万人が利用するのが本来の市場だとします。この1万人に対して、ヒット率やリピート率はどうですか?

ということです。

ヒット率が4割も5割もあるとすれば、素晴らしいことです。狙ったターゲット、市場規模に対し、ヒット率がほとんどないというようなことでは、話になりません。

ヒット率以上に大切なことがリピート率です。あとで紹介するように、「WIN-WIN7ポイント」を実践することで、ヒット率は上がります。たとえ、ヒット率が上がり、お客様に1度は利用していただけても、リピートしないということであれば、本当に「WIN-WIN」になっているとは言えません。

いくら口で顧客思考やお客様第一主義などと、言ったところで、ヒット率、リピート率が低ければ、「WIN-WIN」の関係にはなっていないということですね。これは、競合があろうがなかろうが、関係ありません。

**お客様にとって「WIN」であるかどうか？**　肝心なことはこの1点です。

※「WIN-WIN」の概念を広めた『7つの習慣』の著者、スティーブン・コヴィー氏は、この4つのパターンに、「NO DEAL」、つまり、関係を持たないというパターンを加え、5つのパターンを提唱されています。

これに対して、私は、あえて4つのパターンで説明しています。

確かに、関係を持たないという選択肢もあります。それはそれで、大切な選択だと思います。実際、関係を持つがゆえに、衝突やトラブルが生じることも少なくありません。それを避けるために、「NO DEAL」にするというのは、賢い選択だと思います。

しかし、関係を持たないというのは、非常に消極的で、逃げることにもなります。そして、お互いを無視したり、心の中では非難するような関係になり、「LOSE-LOSE」に近い状態が生まれやすいと、私は考えます。さらに、4つのパターンで考えた方が、より具体的で、気づきが多く、特に、仕事上での関係などを考える際には有効だと思いますということで、あえて、4つのパターンにしています。

## あなたと奥さんは「WIN-WIN」?

「WIN-WIN」を理解する上で、分かりやすい話をしてみましょう。

夫婦関係で考えてみます。

あなたが新婚だとします。新婚当時は、ご主人と奥さんの関係は、当然、「WIN-WIN」ですね。お互いに幸せになろう。幸せにしようと思って結婚します。

この仲睦まじい関係がずっと続けばいいんですが、結婚後、年月を重ねるうちに、徐々に違ったパターンになることが多いようです。

たとえば、亭主関白で奥さんは泣いているという、「WIN-LOSE」パターン。ご主人とすれば、いつも威張りちらし、好き放題にしているので、いいかもしれませんが、奥さんは、大変です。「私はあなたの召使、飯炊き女ではありません」と、いつも心の中で泣いているはずです。

3つ目の「LOSE-WIN」は、カカア天下で、ご主人には夢も希望もないというパターン。会社に行けば、上司や取引先から文句を言われ、いつリストラにあうかとおびえて過ごす。疲れた身体を引きずるように、家に帰ると、今度は奥さんにガミガミ言われる。もう、やけ酒あおって、ふて寝するしかない……。

4つ目の「LOSE-LOSE」パターンというのは、離婚届けにハンコを押す、押さないに関わらず、実質的に離婚、別居状態という関係です。いま、こんな家庭が多いと言います。

自分ではそんなはずはないと思っていても蓋を開けたらどうなることやら。家族のために必死に働き、頑張ってきたのに、定年になった途端に、奥さんから離婚届を突きつけられたなんて、目も当てられません。

あなたの夫婦関係はどのパターンですか。

まあ、どんなパターンでもいいんですけど、ここで言いたいことは、**もともと「WIN・WIN」でスタートした関係がいつの間にか違うパターンになってしまうことが多い**ということです。

## 「WIN・LOSE」は会社を潰す

仕事でも、「WIN・WIN」になっていないことは多々あります。幸い、それが致命傷になっていないだけで、どれほど信用を失っているか。

繰り返しますが、**「WIN・WIN」になっていないと、最終的には、「LOSE・LOSE」になってしまうことが多い**ということです。

自分の会社だけが儲かって、お客様はうれしくない「WIN・LOSE」のパターンは、なにも法外な利益を取るボッタクリや、お客様のニーズやウォンツを無視した押し付け販売、下請けイジメのようなことばかりではありません。

「WIN・LOSE」というのは、自分のことしか考えない、自分の利益しか考えない、自分の立場しか考えないことです。仕事上でミスがあったとします。クレームを受けたとします。そのとき、どうするか？　素直に非を認め、謝罪すべきは謝罪し、改善すべきは改善する。これが当たり前です。

ところが、なかなかそうはしないのが現実です。自分や自社の利益や立場のことばかりを考え、それを守ることに汲々《きゅうきゅう》となる。相手のことなどお構いなし。素直に認め、一刻も早く打つべき手を打てばいいものを、自分を守ることに精一杯で、結局、自滅する。こんな例は枚挙《まいきょ》に暇《いとま》がないくらいです。

ここ数年の間だけでも、ファンドや株の買収合戦、M&Aがらみの事件や粉飾決算問題などが相次ぎました。もう少し遡《さかのぼ》れば、牛肉偽装事件や鳥インフルエンザ関連で倒産した会社、車のリコール隠しなど、大きな事件が頻発しています。なぜ、こんなことが、起きるのでしょうか？

まともに考えれば、それこそ「あり得ない!!」ことです。

原因は、自分・自社の「WIN」、利益だけを考え、自分を守ろうとすることにあります。自分の利益だけを守る、自分の地位や立場だけを守ることを、「保身」と言います。失うことを恐れ、守りたくなるのも分かります。問題は、守り方です。

**自分だけよければいいという「WIN・LOSE」の守り方をするから、結局、「LOSE・LOSE」になり、守れないんです。**

鳥インフルエンザ事件では、最初、社内で、鳥インフルエンザの疑いがあることが分かったとき、すぐに、関係方面に報告して、しかるべき対処をしようとの声があったそうです。疑いの段階だったので、会長がストップをかけ、様子を見ているうちに、大量に鳥が死んで、公にするタイミングを失ったと言います。

これも会社を守るためだったんでしょう。何とか守ろうとした会長は自ら命を絶ち、会社も倒産しました。

私はコンサルタントであると同時に、経営者です。だから、あの会長や社長の気持ちも分からないわけではありません。

きっと、自分だけが助かりたい、自分だけを守りたい気持ちなんてなかったと思います。自分のことではなく、会社や社員、家族のことを守りたかったんでしょう。でも、何も守れなかったわけです。

ここまで大変な事態になることは、普通、ありません。でも、ちょっとしたことで、「WIN・LOSE」の守り方をしていることはありませんか?

そう言う私自身、自己保身の思いで間違った守り方をしたことは何度もあります。今でも、思い出すのは、数年前、店舗のオープンイベントをプロデュースしたときのことです。イベント直前になってミスが発覚しました。担当者からその事実を知らされたときは、冷や汗が出ました。クライアントの課長と私は最初、何とかごまかそうとしたんですが、結局、常日頃、自分が言っている「WIN‐WIN」のこと、「保身」のことを思い出し、すべてを正直に話し、対応することにしたところ、本社や協力会社のサポートもあり、事なきを得ました。

変な守り方をしなくて、ホント、よかったですわ。

## 哀れなサル

「WIN‐LOSE」というのは、結局、自分の保身、エゴにしがみつくということです。人のことを考えない、利己的な自分、自我、エゴにしがみつき、相手のことを考えない。だから、最終的には「LOSE‐LOSE」になることが多いんです。

ジャングルでサルを捕まえる方法って、ご存知ですか?

私も詳しくは知りませんが、こんな方法があることを読んだことがあります。

サルの出没しそうなところに、壺を置いておきます。壺は入口が狭く、中が広がっています。その中に、米か何か、サルのエサになりそうなものを入れておくわけです。しばらくすると、サルがやってきて、壺に手を入れ、エサを取ろうとします。

壺の中のエサをつかんだら最後、握ったコブシが引っかかり、壺から手が抜けません。何とかして逃げようと悪戦苦闘しているうちに猟師がやってきて、捕まってしまう。そんな話です。

握ったコブシを解けば、すぐに手は抜けます。つかんでいるエサさえ離せばいいんです。でも、それができない。このエサを離してなるものかと、必死になっているうちに、すべてを失う。

つまり、自分のエゴ、自分のことだけしか考えず、それにしがみつく。執着してしまって、とらわれ、握り締め、離せなくなる。離せばいいのに、離せない。

**ホント、愚かです。アホなことです。**

でも、ついついやってしまうんです。

やっぱ、「WIN-WIN」です。

## 自分にとらわれずに、相手の「WIN」を優先させる

「WIN‐WIN」になるためのポイントは3つあります。

**1点目は、自分や自社の「WIN」ではなく、まず、相手やお客様の「WIN」を考える、優先させるということです。**

仕事をしていると、どうしても自分や自社の「WIN」を先に考えてしまいます。いつもは、顧客思考、お客様第一主義で考え、行動しているつもりでも、いざ、クレームなどがあれば、わが身かわいさで保身に走ってしまうなんてこと、ありませんか?

サービス業なんかの場合だと、あのときは、混雑していて、たまたま人手が足りず、接客対応に不備があったとか、流通業で配送ミスが起きたときに、新人に処理させたからだとか、自社の言い訳、都合を優先させるようなことはありませんか?

どんなときでも、基本は相手の「WIN」を優先させることです。

**2点目は、素直さと感謝です。**

素直じゃないと、相手の「WIN」を優先させることなんてできません。感謝がないと、相手の「WIN」を心から考えることもできません。

素直ってよく言いますよね。素直とは、固定概念や先入観を持たず、**自分の色メガネを外して、白紙の状態でものごとを見る**ことです。みんなそれぞれ、自分が生きてきた過程で培ってきた考え方や価値観、見方に基づく、自分特有の色メガネをかけています。

その色メガネを通して、世界を見ているわけです。そうすると、真っ白なものが真っ白に見えなくなります。ちょっと灰色掛かったり、すこし赤っぽかったり。人に対して、すぐにレッテルを貼ってしまうのはその典型です。

まずは、いったん、白紙の状態に戻して、何が「ＷＩＮ」になっていないか？　相手の立場で考えてみることです。

**感謝とは、多くの人に支えられていることに気づくことから始まります**。

ほとんどの経営者がそうであるように、私も当初、1人で始めました。何でも自分でやり、道を切り拓いてきたつもりです。商品やサービスに関するアイデアやオリジナリティ、それを世に問うためのガッツやバイタリティ、リーダーシップ、行動力……。

でも、忘れてはならないのは、自分1人では何もできないという事実です。世に立ったときはたった1人と思っていても、実際は、お客様や取引先、家族など、多くの人に支えられてのことです。

それに気づいたとき、心底、ありがたいと思えます。その思いは、自分だけがよければいいという思いとは正反対に、少しでも恩返しがしたい、お役に立ちたいという心です。感謝の心がお返ししたい、貢献したい、報恩したいという気持ちにつながります。

だから、相手の「WIN」を考えるようになります。

**3点目は、「WIN・WIN」は「GIVE&TAKE」ではないということです。**

3点目に関しては、このあとの「コーヒーカップ理論」との関連で説明します。

## コーヒーカップ理論で視点が変わる

では、どうすれば、「WIN・WIN」を実現できるのでしょうか?

「WIN・WIN」の見方を身につける上で、役に立つのが「コーヒーカップ理論」です。

あなたと私の間に、直径5メートルくらいの大きなコーヒーカップがあるとします。お互いに相手は見えません。私の側からは、コーヒーカップの取っ手が見えているとします。あなたの側からは、デザインされたマークが見えているとします。

私はこの取っ手を見て、あなたに言います。「この取っ手がとても持ちやすそうで、気に入りました」と。

あなたには取っ手が見えないので、「どこに取っ手が付いているのかな？」と思いながら、自分の側から見える「マークがとても素敵でいいですよ」と言います。

これがスタートです。

私は取っ手の話、あなたはマークの話。こういうやり取りを何度か繰り返します。最初は穏やかに話していた2人の関係が次第に険悪なものに変わっていきます。

どうなるのか？

「私は取っ手の話をしているのに、あなたは何の話をしているんですか？　どこに眼をつけているのですか？」

これに対して、あなたは、

「いや、あなたこそどこを見てるんですか？　私はマークの話をしているんだ！　それに取っ手なんかどこにも付いていないじゃないか！」

そして対立が起きます。

「あなたどこを見ているんですか⁉」

「あなたこそどこを見ているんですか⁉」

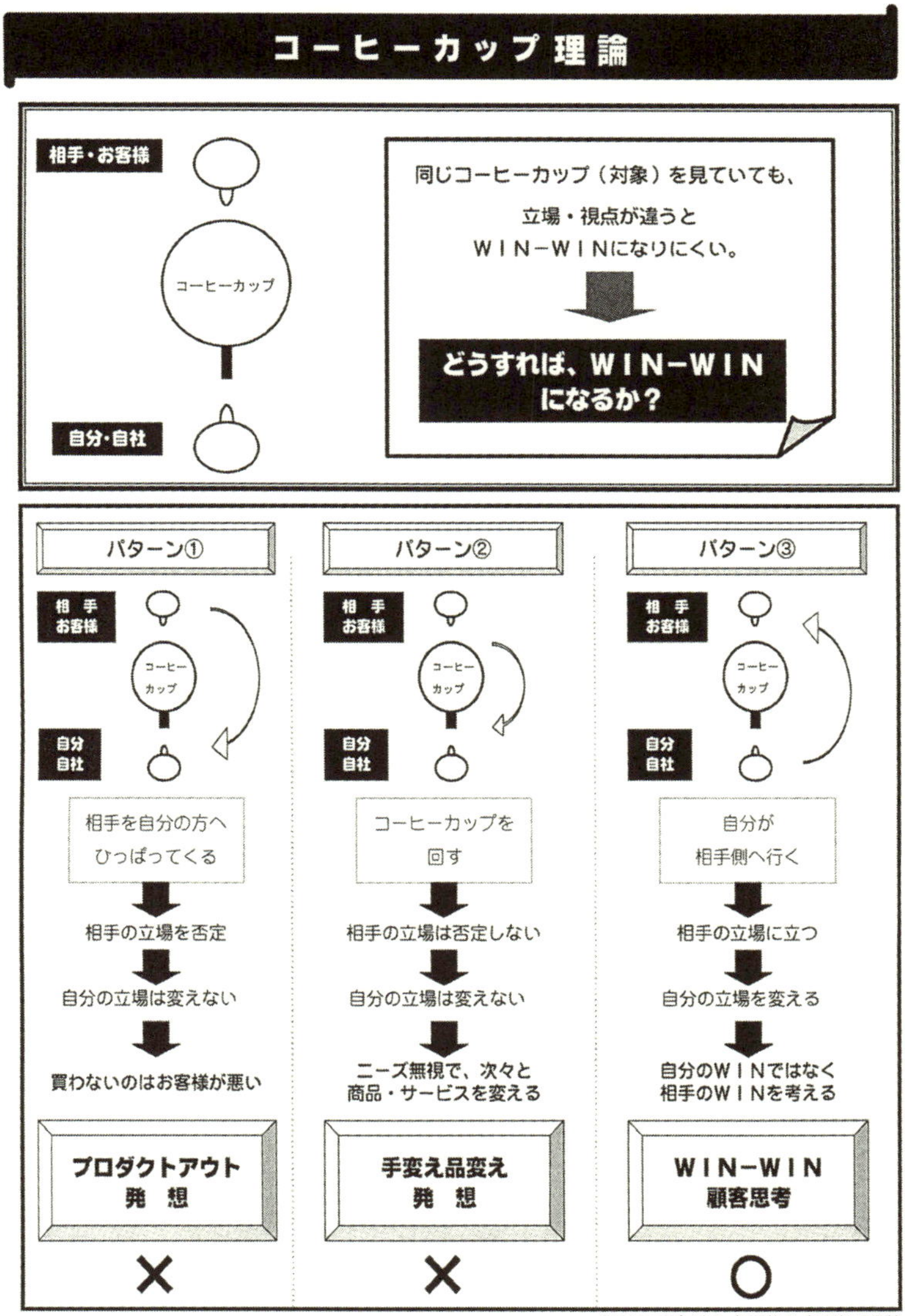
コーヒーカップ理論
相手・お客様
コーヒーカップ
自分・自社
同じコーヒーカップ（対象）を見ていても、
立場・視点が違うと
WIN－WINになりにくい。
どうすれば、WIN－WIN
になるか？
パターン①
相手
お客様
コーヒーカップ
自分
自社
相手を自分の方へ
ひっぱってくる
相手の立場を否定
自分の立場は変えない
買わないのはお客様が悪い
プロダクトアウト
発想
×
パターン②
相手
お客様
コーヒーカップ
自分
自社
コーヒーカップを
回す
相手の立場は否定しない
自分の立場は変えない
ニーズ無視で、次々と
商品・サービスを変える
手変え品変え
発想
×
パターン③
相手
お客様
コーヒーカップ
自分
自社
自分が
相手側へ行く
相手の立場に立つ
自分の立場を変える
自分のWINではなく
相手のWINを考える
WIN－WIN
顧客思考
○

これが「ＷＩＮ‐ＷＩＮ」になっていない状態です。お客様と私たちの間で頻繁に起きている関係です。

ここで確認しておきたいことが２点あります。１点目は、２人とも、事実を見ているということです。２点目は、どちらも正しいことを言っているということです。

どちらも事実に基づき、正しいことを話しています。にもかかわらず、相手を否定し始めます。自分の正しさだけ主張し始めます。コーヒーカップに取っ手が付いているのも事実だし、マークが付いているのも事実です。

どちらも事実を述べていますし、間違ったことを言っているのでもありません。

## 相手を変えようとしてもダメ

どうしたらいいのでしょうか？

**この対立関係を解消するには、３つのやり方があります。**

第１パターンは、私があなたを引っ張ってくる方法です。

「まあ、こっちに来て下さい」と、半ば強引に引っ張ってきて、取っ手を見せます。

「ほら、取っ手が見えるでしょ」と。

事実、取っ手があるわけですから、それを見たあなたは「確かにそうですね」と、取っ手があるという事実は認めます。

**でも、うれしくはありません。**

**なぜなら、自分の立場を否定されたからです。**

自分の立場を否定され、無理矢理連れて来られて、うれしいはずがありません。

これが一番多いパターンです。いけないとは思っていても、つい、やってしまう。と言うより、いけないとすら思わず、やっていることも少なくありません。

これを**「プロダクトアウトの発想」「製品志向・製品重視の発想」**と言います。良い商品を作ったのに、売れないのは、買わないお客様が悪いという発想です。

自社の商品、サービスを最高だと思うのは勝手です。自信を持つのも自由です。

でも、なぜか売れない。お客様は、良さを理解してくれない。そんな思い、そんな発想はありませんか？　結構あるんですよね。私にもあります。

実際、そんなことをはっきりと口に出して言う人はいないでしょう。でも、心のどこかで、思っていませんか？ということです。

売れないときは考えてほしいんです。

コーヒーカップ理論の第1パターンかなあって。

第2のパターンは、コーヒーカップを回す方法です。

相手を無理矢理引っ張ってくるのはダメということで、コーヒーカップをグルッと半回転させます。そうすると、相手の立場を否定せず、反対側が見えます。お互いの立場はそのままで、自分から見えなかった部分が見えます。

グルッと回すことで、確かに取っ手が付いていることが、あなたも確認できます。私の側からも、見えなかったマークを見ることができます。

第1パターンよりもマシです。でも、問題があります。

**最大の問題は、自分の立場を変えないということです。**

自分の正しさや自分の見方、考え方を変えないということです。

自分を変えず、対象物だけを変えるので、**「手変え品変え発想」**と言います。これがダメなら、あれはどう？ それでもダメならこれは？という具合に、相手のニーズなどお構いなしに、一方的に、これはどうだ、あれはどうだと、手を変え品を変え、押し付けていくパターンです。

昼、食事に行くとします。隣りの机で仕事をしている後輩と一緒に行こうと思い、何を食べたいか、聞くとしましょう。

肉はどうだ？　カレーはどうだ？　うどんはどうだ？　あれやこれやと聞くけれど、どれもいらないと言う。じゃあ、中華は？　寿司は？　全部いらない。

あなたは、何と、好き嫌いの多い、イヤな奴だと思ったとします。実はよくよく聞いてみると、「まだあまり、お腹が減ってない」。それだけのことです。

こんなことってないですか？　自分はお腹が減っている。でも、相手は減っていない。お腹が減っているという自分の立場だけで見てしまう。自分の立場だけでものごとを考え、手変え品変えやっていても、相手の立場、ニーズは分からないことが多いということです。

## こうすれば相手の立場に立てる

第3パターンは、自分が相手のところに行くことです。

「あなたはそのまま、そこにいてください、私がそちらに行きます」ということです。

行ってみると、あなたの言っていた通り、なかなかカッコいいマークが見えます。それを見たうえで、「じゃあ、今度は私の側に来て、一緒に取っ手を見てください」と、言えば一緒に来てくれるものです。

反対側に行ってみれば、私が説明した通り、持ちやすそうな取っ手が付いていることが分かります。

ここで初めて、お互いの理解が深まります。

**お互いに、相手の立場を否定することなく、理解できるので、共感が生まれます。これが対立する関係を「WIN・WIN」にするパターンです。**

「自分が変われば、相手も変わる」と、よく言いますよね。これがそのパターンです。とは言ってもなかなかできないのが現実です。

仕事がうまくいっていないときは、コーヒーカップを思い出してください。今はどのパターンか、考えてみてください。第1パターンか、第2パターンをやっているのではないか?と考えます。第3パターンにするにはどうすればいいのか? 一生懸命考えます。

簡単には、答えが出ないかも知れません。でも、答えを求めようとする姿勢、考え続けることが道を開くのです。

何らかの障害にぶち当たったとき、「WIN‐WIN」の4つのパターンや「コーヒーカップ理論」で、自己チェックしてみてください。

「WIN‐WIN」によく似た考えとして、「GIVE&TAKE」というものがあります。すごく似ていますが、少し違います。

**何が違うのかと言うと、目的が違うんです。**

「GIVE&TAKE」は、コーヒーカップ理論の第1パターンや第2パターンに近い部分があるんですね。目的が相手に与えること以上に、相手から得ることにあるからです。「WIN‐WIN」は相手のニーズに応え、与えることが目的です。目的はどちらにあるのか？　その違いです。相手から得ること、奪うことにあるのか？　相手に与えることにあるのか？

普通に商売をやっている限りは、その違いはあまり関係ないかもしれません。「GIVE&TAKE」的な発想でやっていくと、買ってもらうために、いろんな手法、テクニックを使い、うまく行くことも少なくありません。

でも、長く続けていくうちに差が出ます。お客様に伝わるからです。あなたも取られる側にいるのはイヤじゃないですか？

だから、続かなくなるんです。

結局は、**どれだけ、感謝しているか**ということなんですね。感謝とは、お客様や取引先、多くの人に生かされていることに気づくことから始まると言いました。

多くの人に支えられ、生かされていることに気づくからこそ、ありがたいという気持ちが起きます。その感謝がお返ししたいという気持ちを生み、少しでもお客様のお役に立ちたい、満足させるものを与えたいという心につながるんです。

## 事例紹介1 「W-I-N・W-I-N」の実践で、新規客増加

大阪　総合ギフト卸会社・エンヤ　田中勝則社長

**取引先同士も発展、自社の新規客も増え、各社が「W-I-N・W-I-N」で業績アップ!!**

アディナス（※著者の経営する会社の名前です）さんの「売上げ限界突破クラブ」セミナーで、「W-I-N・W-I-N」理論を学び、早速、実践する機会がありました。

「自社の発展ではなく、相手の『W-I-N』をまず考え、行動する」ということで、新

規開拓に悩んでおられたお得意様に発展してもらいたいと考えていました。そしたら、ひらめいたんです。知り合いの取引先が、そのお得意様と仕事上でつながるのではないかと。

早速、紹介しました。両社ともお互いに取引することで、**ちょうど「WIN・WIN」の関係ができ、トントン拍子で、話が進み、取引が始まりました。**詳しくは聞いていないのですが、その結果、数千万円の売上げが上がったそうです。

お得意様には大変、感謝され、以来、逆に新規の取引先を紹介してくれるようになりました。やはり、「WIN-WIN」ですね。まず、相手の「WIN」を考え続けたのが良かったのだと思います。

顧客第一主義とか顧客志向とか、よく言います。頭では理解できるのですが、何をどうすればよいのか？　今ひとつ、つかみきれなかったのが、正直なところでした。

「WIN-WIN」はパターンとしてすごく分かりやすく、「WIN-WIN7ポイント分析」（※第2章で詳しく説明します）で、すべきことが具体的に見えてくるのがいいですね。だから、仕事面で活かしやすいんです。実践していく中で、着実に新規客が増えてきました。

**その後、さらに大きな発展がありました。**

当社は今まで、大手問屋・メーカーから商品を購入していました。しかし、力関係のため、私の会社は、相手の言い値で問屋・メーカーから高い商品を買わされ、お客様にも高い値段で商品を提供しなくてはいけない状況だったのです。

問屋・メーカーと当社との関係は、「WIN-LOSE」、当社とお客様との関係は「LOSE-LOSE」になっていたわけです。アデイナスさんのセミナー後、もっと、お客様との関係を「WIN-WIN」にできないものかと、考え続けました。

すると、以前から取引していた、お茶のメーカーと繊維（ハンカチ、タオル等）メーカーのことが頭に浮かび、思い切って大手問屋・メーカーと手を切り、彼らと手を組んで、仕事をすることにしました。

小規模メーカーながらも、お互いに「WIN-WIN」となり、お客様にも安い値段で、商品を提供することができるようになりました。お茶のメーカーと繊維メーカーも当社と組むことで、お互いに「WIN-WIN」となり、発展してます。

**アデイナスのセミナーに参加したことで、3社がともに成功する道を与えてくれました。**

大手と組んでいるから安心だという考え方ではなく、お客様の「WIN」を一番に考え、実践すると、お客様も買ってくれるという「WIN-WIN」の大切さを改めて実感しました。

セミナーで実習した限界突破のための「重点行動シート」（※これは第4章で詳しく説明します）も活用しています。

私はあるサークルに入っています。そのサークルでの活動は、最近、しっかりした的（マト＝目標）がなく、停滞気味でした。そこで「重点行動シート」を使い出したのです。

いつ、どこで、誰が、何を、どうするのか？というところまで具体的に書いて、サークルの仲間みんなで読み上げ、全員が確認して活動しました。みんなの目標が定まり、思いも一つになってきました。

本当に役に立っています。

# 第2章
# 目からウロコの「WIN-WIN 7ポイント」

売上げ限界突破のための7つのポイント

## 目からウロコの「WIN・WIN7ポイント」

「WIN・WIN」を具体的に実践するには7つのポイントがあります。「WIN・WIN」を実際に使うためのツボです。

**①ターゲット**
自社の商品・サービスが対象とすべき顧客は？　競合は？

**②必要性・NEEDS**
自社の商品・サービスは、どれほど必要性があるのか？
必要性を高めるために何をすればよいか？

**③ほしさ・WANTS**
自社の商品・サービスは、どの程度ほしいものなのか？
ほしさ、付加価値を高めるために何をすればよいか？

**④品　質**
自社の商品・サービスの質は、十分、必要性、ほしさを満足させるものか？

必要性、ほしさを満たすために何をすればよいか？

**⑤価　格**

自社の商品・サービスの価格は、適正か？　価格戦略やメニュー、バリエーションは？

安易な安売りはしていないか？　安心感を与えているか？

**⑥タイミング**

自社の商品・サービスは、適切な時期・タイミングで提供しているか？

どんな時期・タイミングで提供すべきか？

**⑦広告・販促⇓強み・つかみのための質問トーク・キャッチ説明**

自社の商品・サービスの広告・販促は、分かりやすく、的を射ているか？

どのような広告・販促をすべきか？

まず、7つのポイントをザッと簡単に説明します。その上で、事例を交えながら、腑に落ちるよう、具体的に落とし込んでいきます。

**1点目は「ターゲット」です。**

自社の商品・サービスが対象とすべきお客様は誰ですか？ということです。これはできるだけ、具体的に考えることが大切です。できれば、その商品・サービスを利用するお客様の明確なイメージを持つことです。どんな人が、どんなシーンで、どのように使うのか？

絞り込めれば、絞り込めるほど、いいですね。

本来、「ターゲット」は分かっているのが当たり前と言えばその通りですが、意外に、自社の「ターゲット」を分かっていないというケースが少なくありません。あなたの会社でも、思いもかけなかったようなお客様が買っていたなんてことはないですか？　若い独身向けに売り出したものが、お年寄りに売れているといったことは、多々あります。

たまたまヒットしたからいいようなものの、できれば、偶然のヒットではなく、表面的には見えなかったターゲットを見つけて、必然のヒットにしたいものです。

本当のターゲットをいかにして発見するか？　これが「ＷＩＮ‐ＷＩＮ７ポイント」の１つ目です。

「ターゲット」に関しては、自社の商品・サービスの本当のお客様は誰か？という点だけでなく、「競合」の分析も大切です。競合はどこか？　その手の内はどうか？　対抗策は？などなど、考えていく必要があります。「競合」分析はすごく大切ですが、それ以上に大切なことが自社のお客様に焦点を合わせることです。このため、この本では、「競合」ではなく、「お客様」に焦点を絞って、お話していきます。

## 2点目は「必要性・NEEDS」です。

自社の商品・サービスは、どれほど必要性があるのか、必要性を高めるために何をすればよいか？ということです。この「必要性・NEEDS」という概念は少し分かりにくいかもしれませんが、これもあとで具体的に説明します。

## 3点目は「ほしさ・WANTS」です。

2点目の「必要性・NEEDS」と似ていますが、自社の商品・サービスは、どの程度ほしいものなのか？付加価値があるのか？ということです。そして、ほしさ、付加価値を高めるために何をすればよいか？

# 「必要性・NEEDS」と「ほしさ・WANTS」はどう違う!?

2点目の「必要性・NEEDS」と3点目の「ほしさ・WANTS」は、違いがなかなか分かりませんよね？ どう違うのか？ 少し事例を挙げてみます。

たとえば、自動車を考えてみてください。自動車は「必要性・NEEDS」か「ほしさ・WANTS」か、どちらの商品ですか？ 日常生活にとって、ほとんどの人の場合、ないと困るので、現代社会で自動車は「必要性・NEEDS」商品です。じゃあ、ベンツはどうですか？ ベンツはほとんどの人にとってなくても困りません。一部の人が欲する「ほしさ・WANTS」商品です。

テレビはどうですか？　テレビは「必要性・NEEDS」です。なければ、困りますよね。私はあまり見ないので、なくてもいいんですが、しかも、見だすとダラダラと見続けてしまうので……。まあ、それはさておき、テレビは「必要性・NEEDS」商品です。液晶の大型平面テレビはどうですか？　これは「ほしさ・WANTS」商品ですね。

女性が持つハンドバッグ。それ自体は当然、「必要性・NEEDS」です。ブランドバッグは「ほしさ・WANTS」商品です。ヴィトンならまだしも、エルメスのバーキンなんて言ったら、「必要性・NEEDS」などまったくありません。「ほしさ・WANTS」の極みです。

「必要性・NEEDS」と「ほしさ・WANTS」の違いが少しは分かりましたか？　すぐには分からなくても大丈夫です。なんとなくでもいいですから、この2つの視点でいろんなものを見るだけでも、「WIN‐WIN」に近づきます。

**4点目は「品質」です。**

自社の商品・サービスの質は、十分、必要性、ほしさを満足させるものか？　必要性、ほしさを満たすために何をすればよいか？

本当にその「品質」で、お客様に満足してもらえるのか？ということです。

「品質」と言うと、一般的には、機械的な性能、機能、スペックの話になりがちです。品質を考える際に大切なことは、機能性や性能以上に、お客様の「必要性・NEEDS」を満たすことであり、「ほしさ・WANTS」を提供することです。それが、お客様が求める品質であり、提供すべき品質です。

せっかくのいい機能、いい商品、いいサービスでも、その「必要性・NEEDS」「ほしさ・WANTS」を満足させるものでないと、ダメということですね。

特に、メーカーの場合、「品質」分析のところでは、「プロダクトアウト・製品志向」になりがちです。「コーヒーカップ理論」を思い出し、常に相手にとっての「必要性・NEEDS」「ほしさ・WANTS」を、「品質」として、満たすことを考えてください。

たとえば、エアコンを買うとします。その際、エアコンの給排気量や室外機のモーターの大きさなどを気にする人はいません。エアコンをつける部屋がその機種で十分、冷えるか、温まるか、要は快適に過ごせるかどうかさえ分かればいいわけです。それを満たすことがここで言う「品質」です。

果物には糖度というスペック・基準がありますよね。糖度が○○以上だと、甘くておいしいというような甘さを表す基準のことです。糖度を上げる努力をするのは当然ですが、肝心なことは甘くておいしい果物を提供することです。糖度がいくらであっても、食べておいしく感じるかどうかがモノサシです。糖度という品質基準ばかりを重視すると、トータルとしてのおいしさを見失うこともあるかもしれません。甘いのはいいけど、甘すぎても……。これが「品質」で注意すべき点です。

## 安売りしないことと、安心保証作用

**5つ目は「価格」です。**

自社の商品・サービスの価格は適正か？価格戦略や価格メニュー、バリエーションはどうですか？ということです。「価格」に関しては、注意点が2つあります。1つ目は**「安易な安売りに走るな！」**ということです。

安くして売っていいのは、大手のディスカウンターだけです。中小企業の場合、資本力で負けてしまいます。

商品やサービスにほとんど差がない場合、安い方がいいのは当然です。でも、みんながみんな100円うどんを食べるわけではありません。しかも、100円うどんに行っても、100円で済むことは稀です。うどんの種類の豊富さ、サイドメニューの充実などで、客単価を上げています。ここに単なる安売りではない、価格戦略があります。

打ち出し価格、アイキャッチとして、安値を告知するのもいいでしょう。フロント商品、導入商品として、安くお試し価格を設定するのは、もちろんOKです。その場合は、安値の目玉商品をきっかけとして、いかに他の商品・サービスの利用につなげるか、リピートにつなげるかを設計しておく必要があります。

居酒屋で、なぜ、ビール1杯100円などのキャンペーンをするのかは、その理由はお分かりですよね。

集客手段として、目玉商品、目玉価格を用意して、来店促進を図り、いったん、席についたら、サイドメニューなどの充実で、客単価を上げつつ、リピート化につなげる。これがなければ、成り立ちません。

居酒屋チェーンのオープンでは、「その日の飲食代50％キャッシュバック！」なんていうのもあります。

チラシを見て、「おおっ！　半額か！　なら、行こう」と、店に入ります。ほろ酔い気分で、お会計をすると、文字通り、合計額の50％をキャッシュバックしてくれるのかと思いきや、支払った金額の半分の金券をくれるというパターンです。1万円支払ったとすれば、5千円の金券をくれます。その店が悪くなければ、当然、近いうちに、金券を持って、また行きますよね。

これで2回来店される確率がグッと上がります。しかも、1回目の来店で単純に50％引きにしているのではなく、結局、2回目に来店して初めて50％引き換え券が使えるため、実際の割引率はかなり下がります。しかも、リピーター作りに直結します。価格戦略には、こうした工夫が必要です。

## そもそも安くすれば売れるのか？ということ、そんなことはありません。

大切なことは、価格に見合った「必要性・ＮＥＥＤＳ」と「ほしさ・ＷＡＮＴＳ」を、あなたのターゲットにキチンと伝え、買っていただくことです。そうすれば、安易に安くする必要はありません。

さらに、価格には「安心保証作用」があります。価格自体が、商品やサービスの安心感を保証するわけです。一定の価格がついているから、その商品やサービスを安心して利用できるという、心理的な保証作用のことです。

たとえば、１００万円以上のロレックス。それが駅前の露天やディスカウントショップで、１万円で売っていたらどうですか？

ホンモノの大バーゲンという可能性もあります。ホンモノがわけあり品として、売られている場合もあります。でも、ほとんどの場合、ホンモノだとは思えませんよね。危なっかしくて買えません。

ここだけの話ですけど、実は、私、金ピカで、たくさんのダイヤモンド?がキラキラ光る時計をしていたんです。そのブランド名を聞くと、笑いまっせ!

**なんと「ROLAX!」**。ロラックスですよ、ロラックス。東京・浜松町でバッタもんを買ったんですが、しばらくはクライアントに行くたび、みんなから「砂田さん、いい時計してますねえ」と言われつつ、よく見ると「ROLAX!」ということで、笑いを取れてました……。

**6点目は「タイミング」です。**

自社の商品・サービスは、適切な時期・タイミングで提供しているか? どんな時期・タイミングで提供すべきか? これを考えるということです。一番売れやすい時期、タイミングはいつですか?

簡単に言うと、夏に売れる商品と冬に売れる商品は違う、昼のサービスと夜のサービスは違うということ。時期、タイミングを考えた上で、広告、販促、マーケティングをかけていくわけです。

「タイミング」は時間戦略でもあります。営業時間などを変えるだけで、売上げ限界突破が実現することもあります。古典的な話で申し訳ないですが、今では24時間営業が当たり前のコンビニ。当初はそうじゃなかったのを覚えています?

日本でコンビニ第1号といえば、1974年5月、東京・江東区にオープンしたセブン-イレブン豊洲店ですね。コンビニは、セブン-イレブン、イトーヨーカドーグループの鈴木敏文氏がアメリカから初めて、持ち込みました。

日本では絶対成功しないと、みんなが反対するなか、先見の明を発揮した鈴木氏のリーダーシップで、大成功を収め、その後は本家の米国サウスランド社を買収してしまうほどにまでなりました。今では本体イトーヨーカドーの業績を上回る発展ぶりです。

オープン当時の営業時間は文字通り、セブン-イレブン、AM7時~PM11時まででした。ニーズの変化を先取りし、翌1975年6月には、福島県郡山市の虎丸店で24時間営業を開始。以後、波及していったわけです。

これなど、時間戦略の典型です。まだまだ、いろんな業種に適用できます。具体例はあとで紹介します。

## 7点目は「広告・販促」です。

自社の商品・サービスの広告・販促は、お客様の関心をグイッとつかんでいるか? つかみやキャッチコピー、説明は分かりやすく、的を射ているか? どのような広告・販促を打つべきか?

「広告・販促」で考えるポイントは3つあります。1つ目は「強み・セールスポイント」、２つ目は「つかみのための質問トーク」、３つ目は「キャッチコピー・説明」です。

この３つまとめたものを「広告作成・トークマニュアル３ポイント」と言います。

「ターゲット」であるお客様の「必要性・ＮＥＥＤＳ」「ほしさ・ＷＡＮＴＳ」などを踏まえて、自社の商品・サービスの強み・セールスポイントを明確にし、相手の関心を瞬時にひきつける魔法のトーク、キャッチに落とし込み、アピールするためのノウハウです。

これも事例を挙げて、しっかり使えるように、落とし込みますので、少々、お待ちくださいね。
※「ＷＩＮ‐ＷＩＮ７ポイント」の具体論に関しては、実践マーケッターとして活躍されている神田昌典氏の著作類が参考になります。私も、「必要性・ＮＥＥＤＳ」「ほしさ・ＷＡＮＴＳ」の違いなど、大いに学ばせていただきました。中でも、『60分間・企業ダントツ化プロジェクト』（ダイヤモンド社）、『一瞬でキャッシュを生む！価格戦略プロジェクト』（ダイヤモンド社）はお薦めです。

## 広告作成・トークマニュアル３ポイント

「ＷＩＮ‐ＷＩＮ７ポイント」をざっと簡単に紹介してきましたが、結局、大切なのは７つ目の「広告・販促」の部分です。

「ターゲット」から始まって、「必要性・NEEDS」「ほしさ・WANTS」などを考え、「WIN-WIN」になったと思っても、それがお客様に伝わらなければ、何にもなりません。「WIN-WIN7ポイント」で分析したお客様にとっての「WIN」を、いかにチラシ、DMなどの広告に表現し、効果的に販売促進をするか。これがカギをにぎるんです。

じゃあ、どうすればいいのか？　そのためのツールが「広告作成・トークマニュアル3ポイント」です。

この「広告作成・トークマニュアル3ポイント」は、いかにして、効果的な広告・販促、つまりマーケティングを行うかという面を落とし込むのが目的です。

これを使うことで、ヒット率の高い広告、チラシ、DMなどができるようになります。

最も大切なポイントは、**お客様の関・心をグイッとつかんで、商品、サービスの価値を簡単明瞭に伝える**ことです。これが一番大事です。

お客様がすぐに分かり、理解できる、しかも、思わず聞きたくなる、読みたくなるトークやコピーで、一瞬にして関心を引き、まずはこちらの土俵に乗せてしまう。土俵に乗せることができたら、あとは、伝えるべきポイントをテンポよく、伝える。そのためのノウハウです。

「広告・トーク3ポイント」は、「WIN‐WIN7ポイント」をしっかりと考えながら使うのがコツです。

まずは3つのポイントを簡単に説明します。その上で、具体的にどのように活用するのか、事例をもとに説明します。

「広告・トーク3ポイント」の1つ目は、あなたが提供する商品、サービスの「強み・セールスポイント」です。お客様にとってのメリットは何ですか？　これはあくまでもターゲットであるお客様から見ての話です。あなたにとって、いかに素晴らしい商品、サービスであっても、その強み・セールスポイントがお客様にとってのものでなければ、「WIN‐WIN」にはなりません。

ここを間違えると、「コーヒーカップ理論」の1つ目の「プロダクトアウト発想」になります。自社の立場だけでものごとを見て、お客様に押し付ける、「買わないのはよさを理解しないお客様が悪い」という発想です。

## お客様の関心を一瞬にしてひきつける魔法のトーク

2点目は「つかみのための質問トーク」です。これは非常に効果的です。「広告・トーク3ポイント」のキモです。

これが使えるようになると、お客様の関心は一瞬にして、あなたに集まります。特に、認知度の低い商品、サービスに関しては、一気に、関心をひきつけることができます。

ホンマかいな⁉と疑いたくなるでしょうが、ホンマです。詳しくは事例のところで説明しますが、間違いなく、あなたも、そのトークを聞けば、グイッと関心をひきつけられます。

疑り深いあなたのために、詳しく説明する前に、ちょっとだけ、試してみましょう。

「つかみのための質問トーク」とは、具体的には、「○○ってご存知ですか?」「○○って知っていますか?」というフレーズで、この○○中に、商品、サービスの特徴やネームを入れるだけです。

たとえば、みなさんが、女性だとしますね。OLの方でも、主婦の方でも構いません。そんなあなたが、いきなりこんな広告、質問トークを目にするわけです。

**「切れたネックレスや片方だけのピアスが売れるのって、ご存知ですか?」**

すると、普通は「えっ?」て思いますね。思わず、関心を向けてしまうはずです。それがつかみになって、関心をひきつけることができれば、相手はすでにこちらの土俵に乗っています。そこからは、さらに練りこんだトークや説明を具体的にしていきます。

まあ、そういうことです。ホンマでしょ⁉　とにかく、詳しくは次の章で説明しますので、焦らない、焦らない……。

3点目は「キャッチコピー・説明」です。キャッチコピーのところで考えることは、「つかみのための質問トーク」でつかんだお客様の関心をさらに深めるために、そのメリットを一言で言うとどうなるのか？　これを考えます。さらにメリットを説明すると、どうなるのか？　ここが具体的なチラシの文章やセールストークになるところです。

これら3つのポイントを「WIN‐WIN7ポイント」と併せて考えます。ですから、チラシの表現やセールストークには、「価格」「タイミング」など、必要な項目はすべて盛り込むことになります。

「広告・トーク3ポイント」で、実際にチラシとかDMを作成したり、考えるということは、その過程がそのままマニュアル、つまり、販売マニュアル、トークマニュアル作りにつながります。

実際のマニュアルに落とし込むのは、そんなに難しくありません。できたチラシやDMのキャッチコピーや文章をそのまま、順を追って読むだけ。それがそのまま説明マニュアルになります。営業などをする場合は、チラシを実際にお客様に見せながら説明するだけでOKです。覚える必要なんてありません。だから、カンタンでしょ？

「そんなにカンタンにいくわけがない……！」と疑り深いあなた。でも、それがホンマですねん。あとで、実際のトーク事例をやります。それを見れば、どんなに疑り深いあなたでも、必ず「う〜ん、なるほど！」と納得しますから……。

ただ、慣れる必要はありますわね。だから、お客様にアプローチする前に、**ロールプレイを必ず10回してください**。ロールプレイとは、社内で２〜３人がグループを作り、お勧め役とお客様役に分かれて、模擬実習することとです。実際に、チラシ類を持ち、お客様役の人に見せながら、その内容を読む。それだけのことを全員10回してください。そうすれば、身につきます。自信もつきます。問題点の発見にもつながります。

お客様の中には、チラシを見ただけでは分からない方もたくさんいます。どれほど効果的なコピーが踊っていても、じっくりとは読んでくれません。そこで、「つかみのための質問トーク」で、関心をグイッとつかみ、あとは、チラシなどを見せて、読む、もしくは、読ませてしまうことが、より効果的なんです。

あなたの会社で実践する際には、添付の「ＷＩＮ‐ＷＩＮ７ポイント展開シート」と７点目の「広告・販促」をさらに落とし込むノウハウである「広告作成・トークマニュアル３ポイント」を使ってみてください。これらのシートに基づき、それぞれのポイントを１つずつ落とし込んでいくことで、目からウロコのポイントが発見できます。

とにかく、書きながら、実践してみてください。慣れるまでは大変でしょうが、社内で、みんなでワイワイ言いながら、やってみてください。

# 第3章
# 「あり得ない!!」ことを起こす実践法
## 事例でつかむ売上げ限界突破のコツ

## 雨の日に、スタンドで、洗車1日最高62台

さて、いよいよ実践です。

これまでご紹介してきた「WIN・WIN7ポイント」と7つ目の「広告・販促」を落とし込むための「広告・トーク3ポイント」を事例に基づき、実際に使ってみましょう。

まずは、まえがきで紹介した「雨の日に、ガソリンスタンドで、お金を出してまで、洗車をする」という、普通なら「あり得ない!!」ことに関して、「WIN-WIN7ポイント」と「広告・トーク3ポイント」を考えてみましょう。

雨の日は、ガソリンスタンドに限らず、あらゆる小売業にとって、売上げが伸び悩みます。洗車など、その最たるものです。

売上げは落ちるし、スタッフのモチベーションも下がります。朝、起きて、雨が降っていたら、ガックリくるのは当たり前です。

でも、雨だからといって、あきらめていては限界突破などできません。あなたがガソリンスタンドの経営者や店長なら、どうしますか?

あきらめずに考え、ちょっとした創意工夫をすることで、雨の日に、洗車が売れるんです。実際、神戸のガソリンスタンドで1日最高62台も洗車が売れました。

「WIN-WIN7ポイント」の1点目「ターゲット」は、ガソリンスタンドに給油にくるお客様です。

雨上がりで、車が汚れているのならともかく、雨の日に洗車の「必要性・NEEDS」はありません。「ほしさ・WANTS」もありません。洗車の目的はキレイにすることです。雨の中で、洗ってもすぐに汚れます。洗車をする意味などあるわけありません。

雨の日に、「必要性・NEEDS」があるのは、視界の確保です。雨でフロントガラスが見えにくくなる。良好な視界を確保できるものなら、ほしくなります。

それが「ほしさ・WANTS」です。これを何とかすれば、いいわけです。

では、どうすればいいのか？　切り口は、ウインドウ・コーティング、フロントガラスのはっ水コート洗車です。

## 「はっ水加工」って、ご存知ですよね？

傘やクツ、衣類など、今では多くの商品に採用されています。防水ではなく、水を弾《はじ》くのが特徴です。水がついても、コロコロ状の水滴になり、転がるようにして、簡単に流れて行きます。

車の場合、「レインX」や「ガラコ」といった、ガラスの「はっ水加工」が手軽に自分でできる商品があります。フロントガラスに塗れば、スピードが出れば出るほど、雨がビュンビュン弾け飛び、雨の日でも視界良好、ワイパーもほとんどいらないというスグレものです。

私はずっと、はっ水加工の洗車をしています。やればやるほど、効果がありますので……。おかげ様で、雨の日でもワイパーはほとんど使いません。走ると、ガラスの雨水を弾き飛ばしてくれるので、これがまた、**運転していて、すごく気持ちがいいんです!**

実際、「必要性・NEEDS」、「ほしさ・WANTS」は、雨の日の見えにくさの解消であり、良好な視界の確保です。それを提供できる品質の商品があれば、いいわけです。

それが「レインX」や「ガラコ」ですが、ガソリンスタンドの洗車機でフロントガラスやボディ全体のはっ水加工ができるんです。これが「品質」に関する部分です。

「レインX」や「ガラコ」といった、はっ水加工商品は、かなり評判もよく、よく売れています。男性で車を運転される方なら、30%以上の人は利用経験があると思います。

実際、当社アデイナスのクライアントやセミナーで、「レインX」や「ガラコ」の「利用経験」を問うと、参加されている方の30~50%近くが、一度は、「レインX」や「ガラコ」を使ったことがあると答えます。

はっ水効果に関して聞くと、ほとんどが満足したとの答えです。フロントガラスに塗るだけで、十分に、雨水を弾き飛ばすということを実体験しているわけです。

参加者にさらに、質問します。

「今でも使い続けている人はいますか？」

これに対して手を上げる人は、ほとんどいません。一度は利用して、はっ水効果には十分満足したにもかかわらず、リピートしない。ヒット率が高い商品であるのに、リピート率が悪い。なぜだか分かりますよね。

答えは、「面倒くさいから」です。「ＷＩＮ-ＷＩＮ７ポイント」でチェックすると、「レインＸ」や「ガラコ」は、「ほしさ・ＷＡＮＴＳ」があり、それを満たすための「品質」も抜群。でも、何度も自分でガラスに塗るのは面倒。

この点を解消すれば、「ほしさ・ＷＡＮＴＳ」はさらに高まります。それができるのが、ガソリンスタンドの洗車機で行うはっ水洗車です。

## タダでもダメ、半額でもダメ。最も売れた価格は……

「ＷＩＮ-ＷＩＮ７ポイント」の５点目は「価格」です。

では、これを雨の日にいくらで売るか？

通常、ガソリンスタンドでは洗車機のはっ水加工洗車を、1000円や1500円で売っています。いくら、はっ水効果があって、フロントガラスの視界がよくなるといっても、いままでガソリンスタンドでほとんど洗車をしなかった普通のお客様が、雨の日に、通常価格で一度やってみようとは、なかなか思いません。

そこでお試し価格を設定します。

これはあくまでも、はっ水加工の素晴らしさを、その効果が最もよく分かる雨の日にしていただき、その後のリピート客になってもらうのが目的です。導入商品として、雨の日のはっ水お試し価格を設定します。

雨の日は、ガソリンスタンドの洗車機も雨に打たれるまま、稼動することなく、遊んでいます。遊ばせるのはもったいないし、はっ水洗車の「強み・セールスポイント」であるはっ水効果は、雨の日にこそ発揮されます。

だから、お試し価格で1度、利用してくださいということです。

翌日は、たいがい、晴れます。晴れれば、前日までの雨で車の汚れが気になります。そこで、今度は車をきれいにするという洗車の需要が発生します。

1度でも雨の日のはっ水洗車を試したお客様なら、晴れた日に、汚れ落としの洗車をするとき、多少高くてもはっ水洗車を選ばれます。これで見事、導入の役目も果たすことになります。

これまでの実績によると、1度でも、はっ水洗車のよさが分かったお客様は、70%前後リピートします。だから、とにかくまず1度というわけです。

**では、お試し価格は、どの程度が適切でしょうか？**

通常の半額なら、どうでしょう？ 思い切って、タダにしてはいかがでしょうか？

実際、当社のコンサルティング先のガソリンスタンドで、半額から無料まで、ほぼ100円刻みで、テストマーケティングを行いました。

半額もダメでした。タダもダメでした。

半額といっても、実際は500円以上です。ワンコインならいけるのでは？と思う方もいるかも知れません。確かに、500円はワンコインですが、感覚的には、ワンコインとは100円のことです。

タダは、かえって、頼みにくいものです。いろんなところでタダ券をもらうことがありますが、意外に、使わないですよね。

ポケットティッシュ程度なら、構いませんが、通常価格が一定額以上のものは、**タダだと逆に警戒されてしまいます。** もらう側が負担感を持ったり、あとから何かを売りつけられるのではないかと疑ったりするからです。

これが「価格」の説明で、注意点としてあげた「安心保証作用」です。安心して利用できないということです。

最も効果のあったのは、200円と300円です。この程度なら、もし、期待したほどの効果がなくても許せる、許容範囲というわけです。

## 有効期限5分間？

6点目は「タイミング」です。

これは簡単です。もちろん、雨の日です。

どの程度の雨なら実施するのかは、現場の判断です。そろそろ降り始めるなあ……というタイミングでも構いません。はっ水効果が体感できる程度、降っていればOKです。

7点目の「広告・販促」に関しては、「広告・トーク3ポイント」に基づき、少し工夫を凝らします。

雨の日に洗車をしようなどとは、誰も思っていないのですから、それこそ目からウロコの手を打たないといけません。

雨の日が
超お得!!
ガラスもボディも水はじきバツグン!
有効期限は
このチラシを見てから
5分です!!
今すぐ決めて
お得に はっ水!!
雨をはじき飛ばし、視界良好!!
はっ水コート
(ボディのみ・拭上なし・安全点検付)
なんと
作業時間
約5分
雨の日特価!!
315円
(内消費税15円)
雨の日だから
ちがいが
わかるね
◆抜群のウィンドコーティング効果で視界スッキリ!!
◆汚れをはじいて水アカ防止!!
◆酸性雨から塗装を守る!!
○○株式会社　○○SS

「広告・トーク3ポイント」の1つ目は「強み・セールスポイント」です。この場合、「強み・セールスポイント」は、車の汚れを落としたり、きれいにするための「はっ水洗車」ではなく、良好な視界を確保するためのウインドウ、フロントガラスの「はっ水コート」であるということです。もう一度、繰り返します。「はっ水洗車」を売るのではなく、「はっ水コート」を売るのです。

「はっ水洗車」というと、「はっ水」よりも「洗車」に意識が向きがちです。だから、ネーミングも「はっ水洗車」ではなく、「はっ水コート」にして、「はっ水」をしっかりと強調することです。水弾き抜群で、ほとんどワイパーを使う必要がないなどの点を全面的に訴えることです。

洗車というイメージがあると、雨の日には洗車などしないという当たり前のパターンになります。なぜなら、洗車は汚れを落とす、きれいにするのが目的だからです。

そうではなく、フロントガラスの水弾きを訴求します。それがたったの300円。「広告・トーク3ポイント」の2つ目は「つかみのための質問トーク」でした。ここでは質問トークはしませんが、「はっ水コート、300円」はかなり強力なつかみとなります。

「広告・トーク3ポイント」の3つ目「キャッチコピー・説明」も踏まえて、アイキャッチ効果の高いチラシにまとめます。しかも、このサービスの有効期限はチラシを渡してから、たったの5分間。これがいいんですね。**今だけ、限定、即断即決してくださいというわけです。**

ちょっと、遊びの要素も入れると、お客様も楽しいし、雨で、気分が沈みがちなスタッフもノリやすいので、気軽にお勧めできます。

試しにやってみたところ、店長やスタッフが驚くほどのヒットになりました。**「自分もスタッフもあまりの食いつきに驚いています」**。しかも、他の商品もどんどん売れました」(62台の記録を作った当時の店長談)。

記録的な数字はいつまでも続きませんが、一定の実績は全国のどんなスタンドでも出ます。

## 白い詰め物？のWIN-WIN7ポイント

それでは、別のケースを見てみましょう。

これは、歯医者さんでの「つかみのための質問トーク」の活用事例です。

この歯医者さんは、当社のクライアントで、毎年、売上げが30%も伸びている素晴らしい歯科医院です。「売上げ限界突破法」コンサルティングを続けることで、ドクターと若い衛生士、スタッフが一丸となって、限界突破するようになりました。

ここで取り上げるのは、この医院で大成功した「ホワイトフィット」という商品です。歯医者さんですから、商品という表現が適切かどうか、分かりませんが、簡単に言うと、虫歯を削った跡の詰め物の新商品のことです。

これまで、歯の詰め物と言えば「銀」と相場が決まっていました。普通の人なら、口を開けると、少なくとも3本や4本は銀歯があります。

この詰め物が銀ではなく、白い詰め物があるんです。

それこそ、**「白い詰め物があるなんて、みなさん、ご存知でした？」**

私も知りませんでした。というのも、この歯科医院が、保険のきかない自費治療の新商品として、白い詰め物を患者様にお勧めすることになり、その存在を初めて知ったわけです。

私自身、その程度の認識しかありませんから、多くの方も同じようなものではないでしょうか？

要するに、これまでほとんどの患者様がご存知ない商品です。保険適用の白い詰め物もありますが、満足度の高いものとして、その歯科医院では初めて取り扱う商品であり、まったく知られていなかったものです。

それを、自費治療の商品として扱うということで、お勧めの仕方やトーク、ツールなどをみんなで考え、作っていきました。

実際、「WIN‐WIN7ポイント」で考えていくと、新たな収益商品としてヒットが見込め、定着化することが大いに期待できました。

まず、「ターゲット」ですが、これは老若男女を問いません。当初、若いママさんやOLなど、女性が中心だと想定していましたが、それだけではありませんでした。

「白い歯」に対する「WANTS」はかなり強く、どうせ詰め物をするなら白い方がいいということで、男性もかなりの割合で、選ばれます。

ある程度、お年を召された方でも、「キレイになりたい」「美しく見られたい」という願望が根強くあり、ほぼすべての来院者がターゲットになりました。

「NEEDS」はあまりないと、思っていたんですが、実は「NEEDS」もありました。削った歯に詰め物をするだけなら、「白」である必要性などないというのはその通りです。そうではなく、「銀」は長年していると、変色したり、場合によっては、健康に悪影響を及ぼすという報告もあります。

どうせ詰め物をするなら、白くて、自然に見える方がいいですし、金属を使わない「メタルフリー」の方が健康面でも安心できるので、いいですよね。

ということで、「銀」の詰め物に代わるものとしての「NEEDS」が生まれました。

「WANTS」に関しては、言うまでもありません。

以前、「芸能人は歯が命」というTVコマーシャルで大ヒットした歯を白くする効果のある歯磨き粉や、今ではブームというより根付いた感のある韓流スターの白い歯。まだまだあげればキリがないでしょうが、白い歯に対する「WANTS」は、もう当たり前の状態です。

ちなみに、私の妻も、この歯科医院で白い詰め物をし、ホワイトニングもしています。そのせいか、一段と笑顔が素晴らしくなったような気が？？？

「品質」はバッチリです。健康面の不安もなく、詰め物をしたことが分からない自然な白さになります。

「価格」も手ごろさを考えて設定しました。自費治療をメインにした商品のため、保険が適用される「銀」の詰め物と比較して、コストなども検討した上で決めました。

導入後、ヒット商品になっているという事実を見れば、価格設定も正しかったということですね。

「タイミング」は、治療時、詰め物の説明をする際に、提案します。

そして、「広告・販促」です。

「ターゲット」から「タイミング」までのWIN‐WIN7ポイント中、6つのポイントを踏まえた上で、「広告・販促」のポイントである、「強み・セールスポイント」「つかみのための質問トーク」「キャッチコピー・説明」を組み立てていきました。

## 「ホワイトフィットって、ご存知ですか？」

白い詰め物と言っても、パッとしないので、ネーミングから考えました。

ネーミング自体が、つかみであり、キャッチコピーです。相手の関心をグイッとひきつけるカギにもなります。

あれは確か、医院での限界突破法コンサルティング研修会の日でした。

ドクター、若くて美人ぞろいの衛生士さんたちスタッフ、それに当社の女性デザイナー福田さんと私の合計7人で、ネーミングから、チラシなどの販促ツール、お勧めトークなどを検討しました。……余談ですが、福田さんも美人でっせ。

研修会で行う企画会議の進め方はこうです。

ドクターとチーフ衛生士の鈴木さんと事前に打合せをして、ある程度の準備をしておきます。その上で、席上、私の方から、マーケティングの考え方など、ヒントをお話しします。その後は、みんなでブレーンストーミング風に、ワイワイガヤガヤ、自由に意見を出し合います。

このディスカッションがまた、すごく活発なんです。

「会議をしても、なかなか意見が出てこない……」「意見を言うようにと言っているのに、結局はこちらが一方的に話すだけ……」という社長や幹部の声をよく耳にします。

この医院も当初はそうでした。**やり方の問題です。要するに、活気のない会議は、やり方が悪い。**

活発な会議にするためには、方法があります。それを実践すれば、何回かで会議がガラッと変わります。みんなのやる気と知恵が出ます。行動も明確になります。

これに関しては、またの機会に譲るとして、話を続けますね。

ネーミングに関して、みんなから出てきたのは、ホワイトカバーとか、ホワイトキャップ、ホワイトカップなど、「白」と「詰め物」を連想させるものでした。

ホワイトは外せないとしても、カバーとかキャップというのは、商品の特徴をある程度、伝えるものではありますが、どちらかというと、「詰める」というよりも「かぶせる」というイメージです。「詰める」を英語で言うとどうなるかなども当たってみましたが、ピンときません。

ある程度、意見が出尽くしたところで、

「ホワイトフィットってどう?」

詰めるというイメージではなく、白くフィットする、より白くなるという感じで、「銀」

との違いを際立たせる。しかも、ホワイトニングにつながる印象もある。語感もいい。言いやすい。

**「ホワイトフィット……いいんじゃない、それ！」**

**「うん、いいねえ、それ！」**

**「じゃあ、それにしよう、ホワイトフィットで決まり！」**

と、まあ、こんな軽いノリで決まってしまいました。

なぜ、そんな簡単に決まったか？　理由があります。語感もよく、言葉に出したときの響きもよく、清潔な、明るいイメージを与える。しかも、商品の特長も伝えやすい。そんなネーミングだったからです。

つまり、その場にいたみんなの関心をグイッとひきつけるネーミングだったからです。それはそのまま、患者様の関心もグイッとひきつける、魔法のトークにもつながるということです。

## 「えっ？　何それ？」って、お客様が聞きたくなる魔法のトーク

「ホワイトフィット」というネーミングも決まったところで、実際に、「広告・トーク3ポイント」に基づき、お勧めトークを組み立てていきました。

「強み・セールスポイント」は、「銀」の詰め物ではなく、見た目に美しい「白」の詰め物です。しかも、メタルフリーで金属アレルギーの心配もなく、健康面でも安心。この2点が最大の強みであり、セールスポイントです。

これを踏まえて、チラシなどのツールも作り、セールストークで説明するわけですが、いかにして一瞬で相手の関心をひきつけるか、「つかみのための質問トーク」を考えます。

これがうまくいくと、お勧めした際、簡単に関心をひきつけることができ、あとの説明がスーッとスムーズに進みます。

「つかみのための質問トーク」のポイントは、「〇〇ってご存知ですか?」です。この〇〇に、商品やサービスの強みや特長を当てはめればいいわけです。

〇〇に当てはめる文句は、当然、「ホワイトフィット」です。

まず、「つかみのための質問トーク」で関心をグイッとひきつけ、すぐさま、「白」い詰め物の2つの強みをアピールするための「キャッチコピー・説明」に入ります。たったそれだけ、そのまま、トークをすればOKです。

では、やってみましょう。

あなたは歯科医院の衛生士さんです。治療の際、詰め物が必要になった患者様に、こう言います。

「歯を削った跡に詰め物をするんですが、ホワイトフィットって、ご存知ですか？」

こう言われると、患者様はほぼ例外なく、**「えっ？」**と思います。

口に出して、「えっ」と言うか言わないかは別にして、心の中では必ず**「えっ？ 何それ？」**とつぶやきます。この瞬間、相手の関心がこちらに向きます。これが「つかみのための質問トーク」です。

関心がこちら側に向くと、次は「キャッチコピー・説明」です。

キャッチコピーで最初に考える点は、そのメリットをひとことで言うとどうなるかです。

「ホワイトフィットって、ご存知ですか？」と言って、相手の関心を魔法のようにひきつけた後に、相手が知りたいこと、相手にとってのメリットを言うわけです。

衛生士さん「ホワイトフィットってご存知ですか？」

患者様「えっ？」

衛生士さん「白い詰め物のことなんですけど、銀の詰め物ではなく、健康面でも安心な、白い詰め物ができるようになったんです」

ここで患者様の関心はさらに深まります。

そして、患者様「えっ？ 何それ？ どういうものですか？」

ここまでくれば、完全にこちらのペースです。患者様はすでにこちらの土俵に上がったことになりますから、あとは、患者様に必要な情報を、チラシなどのツールを活用しながら、提供していけばいいわけです。

ここからさらに詳しく説明します。その際は、当然、「価格」なども明確に伝えます。

## 実際にトークをしてみよう！

繰り返しになりますが、たとえば、こんな感じです。

衛生士さん「ホワイトフィットってご存知ですか？」

患者様「えっ？」

衛生士さん「新しくできるようになった白い詰め物のことなんです。銀の詰め物ではなく、健康面でも安心で、見た目も自然でな白い詰め物です」

患者様「えっ？　どういうものですか？」

衛生士さん「ちょっと、このチラシを見てください。ホワイトフィットっていうのは、銀の詰め物ではないので、すごく白くて、キレイなんです。この写真にもあるように、詰め物をしているのが分からないほど、キレイに仕上がるんです」

患者様「へえ〜。ホントに、白くて、詰め物をしているのが分かりませんよね」

衛生士さん「そうなんですよ。ですから、お勧めしているんですよ」

患者様「確かにいいですね」
衛生士さん「それと、これまでの銀の詰め物と言うのは、健康面から見ても、あまりよくないというのをご存知でした？」
患者様「えっ？　どういうことですか？」
衛生士さん「実は、銀というのは、長年使っていると、金属イオンが徐々に溶け出し、健康にもよくないことが報告されているんです」
患者様「えっ？　そうだったんですか？」
衛生士さん「そうなんですよ。こちらの資料にもありますように、あまりよくないんですね。だから、白くて、金属を使用していないメタルフリーのホワイトフィットをお勧めしているんです」
患者様「確かに、ホワイトフィットはよさそうですね」
衛生士さん「そうなんです。ただし、このホワイトフィットは自費治療だと、〇〇〇円になります」
患者様「じゃあ、それでお願いします」
必ずしも成功するとは言いません。でも、クライアントの歯科医院では、大体このような展開になっています。

しかも、お勧めする際、白さやメタルフリーなど、ホワイトフィットの特長やよさが分かる情報をチラシ、ツールとして、見せながら説明します。これでさらに理解が深まり、患者様のモチベーションが上がります。

たとえ、その場でヒットしなくても、患者様の心の中では、是非、してみたいという「WANTS」が強まり、結局は受注につながることも少なくありません。

## 切れたネックレス、片方だけのピアス、買います！

もう1つ事例を紹介します。今度はリサイクルビジネスに関してです。

これは、当社アデイナスで1年間、コンサルティングをしていた株式会社ドリームファクトリーさんの事例です。

この会社、社長の井上さんが起業家で、2度の倒産を乗り越え、今ではIT関連のネットショップや健康機器、リサイクルビジネスを展開する、若い、勢いのある会社です。

余談ですが、井上社長の書いているブログ「逆境から這い上がった社長の起業遍歴日記」は最高におもしろい！

「2度の倒産をも乗り越えて、再び会社を設立し成功した社長の波乱万丈の起業遍歴」ということで、起業をして、波に乗ったと思った矢先に、ゲゲっと言うようなことで倒産の憂き目にあったり、再起を期すために佐川急便で働いたり、焼いも屋さんをやったり……。しかも、この社長、40代半ばになって、なんと、もとグラビアアイドルの20歳以上も年下の美人と結婚まで……。式はディズニーランドの直営ホテルで、ミッキーやミニーに囲まれながら……。とにかく一度、読んでみてください。はまりまっせ。

ちょっと脱線してしまいました。本題です。

みなさん、**「切れたネックレスや片方だけのピアスが売れるのをご存知ですか?」**。

普通は知りませんよね。それが売れるんです。実は、貴金属の地金業者が素材として買うんです。それをリサイクル店がお客様から買い取り、収益源の1つとして、地金業者に転売する。こういうことをはじめました。

そのためのチラシ、トークを考えることになりました。

「WIN‐WIN7ポイント」で考えていくと、「ターゲット」は、誰ですか? 女性ですよね。特に、家の中に切れたネックレス、片方だけのピアスなど、商品価値のなくなった貴金属を持っておられる女性です。そんな女性はそれこそ、無数にいるはずです。すべての女性がそうかもしれません。

この大量にいるはずのターゲットを見つけるには、やはり折り込みチラシを打つというのが一番有効です。

でも、チラシがその他のチラシの中に埋没しては、何にもなりません。多くのチラシの中から、いかにして、うちのチラシを見てもらうか？　それがポイントです。

「広告トーク3ポイント」の1点目は「強み・セールスポイント」です。普通のお客様は、売れるなんて思っていないものを買い取ろうという企画です。まったく認知されていないサービスです。

ですから、切れたネックレスや片方だけのピアスを買い取ること自体が強みになります。しかも、貴金属相場の関係で予想以上に高く買うという点がセールスポイントです。

これだけでも、お客様にとっては「えっ？」てなもんです。

## 奥様！　それ捨てるんですか？

2番目は「つかみのための質問トーク」です。「○○ってご存知ですか？」に、当てはめるわけですが、目的は、相手の関心をグイッとひきつけることにあります。そこで、少し工夫をしてこんなコピーにしてみました。

「奥様！　それ捨てるんですか？」

あなたが奥様だったら、これを見た途端、「えっ？」と思いますね。「えっ？　何のこと？」って。これでつかみはＯＫです。

３点目は「キャッチコピー・説明」です。ここで、「切れたネックレスや片方だけのピアスを買い取るってご存知ですか？」という主旨のことを入れます。「奥様！　それ捨てるんですか？」でつかみ、「えっ？　何のこと？」って思ったお客様の関心に応えます。

こうした点も踏まえて、実際にドリームファクトリーさんで使用したチラシの内容を紹介します。


奥様！　それ捨てるんですか？　捨てる前に、必ずお読みください。

突然ですが、ご家庭で眠っているお宝グッズや不要品は、どうされていますか。小さくなった子供服やベビー用品、壊れていないけど買い換えた家具……（略）……タンスの肥やしにもならないものが増えています。

そこで提案です。それらのものを当店にお持ちください。……（略）……

しかも切れたネックレス、片方だけのピアスだって、喜んで買い取らせて頂きます。先日は、かなり愛用という、相当使い込んだプラチナのネックレスをお持ち頂き、買い取らせて頂きました。貴金属相場が急騰している関係で、なんと７万１０００円にもなり、大変お喜び頂いてお帰りになりました。

「えっ」こんなものまで買い取ってくれるの、どうせ二束三文で、買い叩かれるんじゃないのといった心配はいりません。……（略）……

こんな感じで買い取った事例をチラシの中で、紹介しておきました。これが安心感とモチベーションにつながります。

## 切れたネックレスや片方だけのピアスで、売上げ月間700万円

チラシを打った結果、なんとこれが月間700万円ほどの商売になりました。しかもこれが導入商品となって、波及効果も生まれました。

この手の商品を売りに来られる方は、まだまだ十分に使えるジュエリーやブランド品など、リサイクルビジネスにとっては価値のある商品をいろいろ持っておられます。

切れたネックレスや片方だけのピアスを売りに来られたついでに、いいブランド商品をリサイクル商品として仕入れることができます。

逆のパターンもあります。お客様が売ったついでに、他のブランド品やジュエリーを買っていかれるというケースです。リピーターになることも当然あります。

意外なものが導入商品になって、売上げに貢献したわけです。

「ホワイトフィット」の事例と同じですが、大切なことは、いかにして、関心をつかみ、

■お得な暮らしの提案!
買いますリサイクル
切れたネックレス、
片方だけのピアス・・・
奥様!それ、
捨てるんですか?
捨てる前に、必ずお読みください!!
突然ですが、ご家庭で眠っているお宝グッズや不要品は、どうされていますか?
小さくなった子供服やベビー用品、壊れてないけど買い換えた家具や電化製品、独身の頃に集めたブランドバッグや服、お返しで頂いたギフト類・・・。何年も使わず置いてあるけど、タンスの肥やしにもなりゃしない・・・と増え続ける不要品を前に、ため息をついたことはありませんか?
そこで、ご提案です!
それらの物を、リサイクル店へお持ち込みください。
当店は、2004年12月レインボー1Fにオープンしたリサイクルショップです。ご家庭で眠っているお宝グッズや不要品を買い取り、地域の方に安く還元していきたいという信念のもと、店長をはじめ、9名のスタッフが、年中無休でお客様のお越しをお待ちしています。
切れたネックレス、片方だけのピアスだって喜んで買い取らせていただいております。
先日は、かなり愛用・・・というか相当使い込んだプラチナのネックレス(50.8g)をお持ち頂き、買い取らせて頂きました。
貴金属相場が急騰している関係で、なんと¥71,000にもなり、大変お喜びでお帰りになられました。
「えっ、こんなもの買い取ってくれるかしら?」
「どうせ、二束三文で買いたたかれるんじゃないの?」
と、ご心配はいりません!
もちろん、大きな物は出張買い取りにも伺います。ここまで、読まれてもまだ、捨ててしまいますか?
シャネル
えっ!そんなに高く買ってくれるの?
お売り下さい。
当店では、ルイ・ヴィトンのモノグラムなら汚れていてもボロボロでも大歓迎で引き取らせていただいております。
10年前のモノでも、状態が悪くてもOK!です。
色あせやボロボロでも、モノグラムなら大歓迎!
新品or新品同様も大歓迎!
他店で断られたシャネルのバッグもお持ち込みください!
買い取りできるかも・・・。
おうちに眠っている
お宝を探しています!
委託販売も受付中!ブランド品のみ
出張買い取りいたします!
詳しくは、お気軽にスタッフまで!
ブランド LOUIS VUITTON,CHANEL,PRADA ,GUCCI ,HERMES等のバッグ・衣料・アクセサリー・小物雑貨等
ジュエリー 貴金属 ブランド・ダイヤモンド・金・プラチナ等のネックレス・リング・ピアス・ブレスレット・イヤリング等
ブランド 衣料 APE,APC,GOODENOUGH,CHANEL,STUSSY,DOLCE&GABBANA,PAUL SMITH 等
ギフト 洗剤・食器・タオル・石鹸、高級ブランド食器・ウェッジウッド・マイセン・エルメス・バカラ・ロイヤルコペンハーゲン・リチャードジノリ・ミントン・たち吉・香蘭社等
家具 インテリア チェスト・本棚・ワードローブ・テーブル・ソファー・婚礼家具・和家具・マルニ・フクラ・カリモク・府中産・イタリア製等
家電 パソコン、デジタルカメラ、プラズマテレビ、ステレオ、冷蔵庫、乾燥機、掃除機、AV機器全般、キッチン家電等
レディス 衣料 クィーンズコート・バーバリー・クレイサス・VICKY FOXEY・プリングル・ヒステリックグラマー、インポートブランド、メーカーブランド、セレクトショップ系
メンズ 衣料 A.P.C,A BATHING APE,EVIS,バーバリー、セレクトショップ系、ストリートブランド、裏原宿系、スポーツブランド等
ホビー 雑貨 フィギュア、おもちゃ、ラジコン、Zippo、ぬいぐるみ、キャラクター物、景品等
キッズ ベビー キャラクター物、おもちゃ、育児用品、ベビーカー、衣料:メゾピアノ、MINI-K、ヒステリックミニ、WASK、バーバリー、ミキハウス、ラルフローレン、ファミリア等
リサイクルの買い取りシステム
ギフト 衣料品 その他小さな物
商品を持ってご来店ください。
買い取りカウンターに商品をお預けください。
一点一点、査定し金額をご提示いたします。
OKであれば、即現金にてお支払いいたします。
大型家電 家具
※予約制になっておりますのでお早めにお電話下さい。
まずは、お電話ください。日にち・時間を決めさせていただきます。

出張買い取りは、2名でお伺いします。トラックには店名を入れておりませんので、ご近所の方に知られることもありません。

その場で査定を行いOKであれば即現金にてお支払い!
※身分を証明する免許証などが必要になります、18才未満(高校生含む)の方からは買い取りできません。※一部買い取りできない商品もございますので、予めご了承ください。

グイッとひき込むかです。

一般的なチラシでは、リサイクル商品の中の1つとして、「半端ものの貴金属の買取りもします」ということを告知するだけです。それでは関心をひきつけることなどできません。そうではなく、お客様にとって意外なこと、「えっ？」と思うことをほぼ全面に持っていきます。この場合は、チラシの半分を使って、ドーンとやりました。

しかも、メインは文字です。

「チラシの文字なんて、誰も読まないんじゃないの？」と思うでしょう。読まないのは自分にとって関心のないものだからです。関心のあるものなら、読みます。

「えっ？　何これ、ホンマかいな？」と読んでいく。読んだ結果、「あっ、そうだ。私も切れたネックレス、片方だけのピアスがあるわ。一度、持って行こうかしら……」と思うわけです。

もし、あなたがリフォームを考えていたらどうですか？　リフォームのチラシを読みますよね。マンションを買おうと思っていたら、マンションのチラシを読みます。

**関心のあるものは読みます。それも、結構、しっかりと読みます。**

「広告・トーク3ポイント」はかなり使えます。

あなたの会社の商品やサービスに当てはめて、是非、活用してみてください。

## 隠れたターゲットを見つけて上場

次は同業者が発見できなかった大きなターゲットを見つけて、上場したケースです。商品は「簡易式の低周波マッサージ器」です。肩や腰に小さなパットを当て、電流を流すと、叩いたり、揉んだりして、コリをほぐしてくれるものです。

この商品の「ターゲット」は誰ですか? もちろん、肩こりや腰痛の人です。でも、街に出て、道行く人に、肩はこっていませんか? 腰は痛くないですか?と、いちいち聞くわけにはいきません。

肩こりや腰痛で困っている方はたくさんいますので、「必要性・NEEDS」も、「ほしさ・WANTS」もあります。「品質」を考えたとき、「簡易式の低周波マッサージ器」が十分に、肩こりや腰痛を解消してくれるならOKです。

「価格」を考えてみましょう。今、「簡易式の低周波マッサージ器」は家電量販店などに、何種類もあふれています。価格も1万円前後でいいのがあります。

ここで紹介している事例は、家電量販店などでディスカウント品が出回る以前の話です。バブル期前後までの時代です。当時、この商品は4~5万円もする、比較的高価なものでした。

これを「安売り」せずに、「WIN-WIN」になるように、創意工夫して、売るわけです。

あと、「タイミング」「広告・販促」のポイントを検討する必要がありますが、カギは1つ目の「ターゲット」にありました。

あなたが「簡易式の低周波マッサージ器」を販売するとします。どうすれば、ターゲットを探すことができますか？　マッサージ院などで委託販売をするという手もありますが、これはマッサージ院自体が競合になるため、難しい面があります。もし、あなたがマッサージ院を経営していたら、そんなもの販売しませんよね。相手の立場になって考えれば、簡単に分かることです。それがコーヒーカップ理論です。

そこで、ターゲットをある種の集団やまとまり、グループとして考えるわけです。これを**「属性分析」**と言います。具体的には、年齢、性別、職業、地域、興味、関心などに分類し、絞り込む方法です。

肩や腰が痛む人とはどんな人たちだろうと考えると、お年寄りや事務職などが思い浮かびます。

お年寄りに売るとして、どこに行きますか？　老人ホームへ行ったところで、あまり相手にはしてくれません。オフィス機器などの訪問営業と同じパターンになるのがオチです。事務職の人に売る場合も一緒ですね。訪販では利益が上がらないでしょう。

有望なターゲットとして、職業にスポットを当ててみましょう。

長距離トラックの運転手さんとかタクシーの運転手さんはどうでしょう。長距離の運転手さんは、それこそ長時間座りっぱなしなので、腰痛は慢性化しそうです。タクシーの運転手さんは、もっと大変です。

タクシーに乗ると、気づかれると思いますが、夏でもベストなど、厚着をされている運転手さんが多くないですか？

なぜだか分かりますか？　あれは、冷房をガンガン効かすからなんです。運転手さんが運転をしていて、気持ちのよい温度ではダメです。

外からタクシーに乗り込んだお客様が「あ〜、涼しい！　気持ちいい」と思える温度まで下げておかなければなりませんよね。

しかも、通常、冷房の噴出し口は前にしかありません。ちょっとした冷房病になってしまうんです。

だから、かなりの需要があります。「簡易式の低周波マッサージ器」を利用する時間もたっぷりあります。運転中、好きなときに、好きなだけすればいいのですから。「ターゲット」としてはピッタリです。

では、運送会社やタクシー会社に売りに行けばいいのかというと、そうではありません。

会社としては、なかなか取り合ってくれません。

応対に出た人に、「うちは結構です」と言われるか、せいぜい「見本かパンフレットがあれば、置いていって」と言われるのがオチです。手数料を会社に支払うとしても、運転手さんへの斡旋《あっせん》はほとんどしてくれません。

では、どうすればいいのか?

運転手さんと個人的なつながりがあり、しかも接触機会が多く、その分、販売チャンスが多いところはどこか?と探します。

たとえば、ドライブインがあります。

ドライブインなら、運転手さんが集まります。食事をしたり、コーヒーを飲んだりしながら、結構、時間を過ごすでしょう。その際、商品のお勧めをするのもいいかも知れません。でも、それではうまくいきません。

なぜなら、たとえ、運転手さんに「必要性・NEEDS」があり、「ほしさ・WANTS」があったとしても、売る側のドライブインに販売力がありません。セールス力をつけるための研修でもすればいいのでしょうが、そこまではやりません。

ガソリンスタンドはどうでしょう。運転手さんが日常的に利用し、店員さんとも親しくしているので、売れる可能性は高い。

しかもガソリンスタンドの店員さんは、オイルや洗車など、日頃から販売しているので、セールス力もあります。それを売ることで売上げアップにもつながります。

こう考えていくと、「ターゲット」は、単に肩こり、腰痛の人ではなく、ガソリンスタンドとなります。

環境・健康関連機器の販売・製造で数年前に上場したO社は、創業後、ガソリンスタンドとタイアップして、低周波マッサージ器を爆発的に販売し、急成長のきっかけをつかみました。

同じ商品を扱う同業者はたくさんありました。その中で、ここまで「ターゲット」を絞り込み、隠れた真の「ターゲット」を発見したのは、O社だけでした。

O社の社長とは、私が創業する以前、つまり、サラリーマンをやっていた頃からのお付き合いです。当初、4～5人で始めた営業会社でしたが、誰もが発見できなかった「ターゲット」を見つけ、供給していたメーカーを買収するなど、成長を続けています。

数年前、O社の社長と、ここで説明した「ターゲット」の発見について話していたときのことです。私は自分なりに、「ターゲット」を分析して、O社の社長と同じ結論に至ったんですが、そのことを言うと、こうおっしゃいました。

**「砂田さん、よく分かったなあ。誰も気づかんかったんや」**

## ゴルフ場で集客するための「WIN・WIN」企画

ゴルフ場を活性化させるために、「WIN・WIN7ポイント」を考えてみましょう。

名門ゴルフ場で、今でもなかなか予約が取れないというのなら話は別ですが、風光明媚なところで、ロケーションもよく、クラブハウスでは温泉にも入れる、その上、値下げもした……にもかかわらず、集客に頭を痛めているというようなケースです。

全国には、こんなゴルフ場がたくさんあると思います。

1点目は「ターゲット」です。

カギは、新しいお客様をいかに集めるか？にあります。リピート客の活性化は当然ですが、それ以上に、これまでとは違う新規客をいかに集客し、リピーター化するか？　そのための新規ターゲットを探ります。

ターゲットはズバリ、年配の方です。しかも、女性です。

ゴルフをする女性は年々増えています。ゴルフはしても、ゴルフ場となると、これまでほとんど縁がなく、たまに、ご主人のお供か何かでしか足を運ぶことがなかった年配の女性向けに、自然と健康とレジャーを兼ねた新たな提案として、レディースゴルフパックを企画します。

ゴルフパックというより、**むしろ、ゴルフ付き温泉旅行です。**これで3点目の「ほしさ・WANTS」を刺激します。

年配の女性グループで、温泉に出かける姿をよく目にします。それなら、単なる温泉より、よっぽど、自然に囲まれ、空気もおいしく、ゆったりとした雄大なコースの中をたっぷり歩き、ゴルフを楽しんだあとは、ゆっくり温泉につかり、おいしい食事を堪能する。

そんな企画です。ゴルフをメインにするのではなく、ゴルフ場の自然と資源を活かしたレジャーがメインです。

## 温泉に行くより「W-N」だからヒット確実

「必要性・NEEDS」は、健康面を考えると十分あります。それ以上に、「ほしさ・WANTS」はいろいろあります。自然の中を散策したい、心地よい汗を流したい、温泉にもつかりたい、おいしい食事もしたい、できれば、混雑した観光地ではなく、ゆったりとした気分で、くつろぎながら、健康増進にもつなげたい……。

そんな「ほしさ・WANTS」を満足させるのが、年配の女性向けレディースゴルフパックです。

以前、こんなことがありました。

大阪から四日市のクライアントへ行く際のことです。朝早く、電車に乗っていたら、大阪弁丸出しのオバチャンのグループ5～6人と乗り合わせました。

「これはエライ電車に乗ってもうたなあ」と思いましたが、今さら指定席を変えるわけにも行かず、新聞を読んでいました。

そしたら、案の定、そのオバチャンのグループ、ホントにうるさい。

「チョットは静かにできんのかいな」と思いながら、何気なく聞いていると、多分、伊勢かどこかに行こうとしているのでしょうが、「今度の北海道、あんたどうすんのん？○泊で○○円やで」と、次の旅行計画の話をしているわけです。声がデカイもんですから、イヤでも耳に入ってきます。

すると、単なる観光旅行の話かと思ったら、「あそこのグリーンはええで」「ツーオンすんで」「カートもええねん」とか、ゴルフの話をしているではありませんか？　オバチャンたちは、どう見ても60歳以上でした。

このオバチャンたち、ゴルフも当然したいんでしょうが、それ以上に自然がいっぱいで、健康的なところに行きたいのです。

温泉も入れて、健康管理もしたい。でもゲートボールはイヤ。こうした需要は相当あるはずです。今後、年配の女性向けのゴルフ付き温泉旅行が、どんどん出てくると思います。

既存のゴルフ場に温泉があれば、言うことなしです。「品質」も完全に満たします。「価格」は、競合するお年寄り向け温泉旅行料金などを参考にします。「タイミング」としては、ターゲットがお年寄りの女性ですから、平日特別企画などを用意します。これなら、割引もしやすいし、平日の稼働率アップにもつながります。これらのポイントをしっかり押さえた販促・企画を打ちます。

## 「必要だが、ほしくない商品」「ほしいけど、必要ではない商品」を売るコツ

「WIN-WIN7ポイント」を分析していくと、「必要性・NEEDS」はあるけど、「ほしさ・WANTS」はあまりない商品や、逆に、「ほしさ・WANTS」はあるが、「必要性・NEEDS」はあまりないというものもあります。

これらは一見、売れにくいように思いますが、よ〜く考えることで、全く違った切り口が見つかることが、たくさんあります。

すでに、お話ししたように、雨の日に、ガソリンスタンドで、お金を出してまで、洗車

をする人はいませんよね。

ところが雨の日に、洗車が売れるというのは、すでにご紹介した通りです。「WIN-WIN7ポイント」で、ちょっとした創意工夫をプラスするだけで、1日最高62台も洗車が売れました。

雨の日の洗車は「必要性・NEEDS」も、「ほしさ・WANTS」もない商品の代表みたいなものですが、「必要性・NEEDS」はあっても、ほしくない商品というものもあります。

生命保険や損害保険はその代表です。誰も、ほしい、入りたいと思って、加入しているわけではありません。万が一のときのことを考えると、入らざるを得ないから、入るという商品です。

しかも、以前は、法令でガンジガラメ。どの会社の保険もほとんど変わらず、横一線でした。それが規制緩和で、徐々に差別化されてきました。

そこで、自動車保険なら、走行条件に応じて割引く制度、ロードサービスなど、少しでも「ほしさ・WANTS」を打ち出すなど、「必要性・NEEDS」に、「ほしさ・WANTS」をプラスアルファしています。

車検も同じようなタイプの商品です。これこそ、「必要性・NEEDS」のみです。車検を受けないと、車に乗れなくなるんですから。しかも、普通なら10万円以上もする高いものです。こんなもの誰も受けたくない。つまり、ほしくはありません。

「必要性・NEEDS」のみの商品の場合、品質に違いがなければ、安い方がいいに決まっています。その結果、価格競争になりがちです。

実際、車検も規制緩和後、随分、安くなりました。しかし、安くするにも限度があります。

そこで工夫すべきなのが、「ほしさ・WANTS」を付加することです。車検を受ければ、こんないいことがありますよというプラスアルファです。

車検で、北陸産ズワイ蟹、または、北海道産タラバ蟹プレゼント！とかです。松坂牛霜降りステーキでも、マツタケの土瓶蒸しでもいいですね。

とにかく、普段なら、わざわざお金を出してまで買わないけど、もらえるとうれしいもの。

実際、こんな販促策を打つと、車検の注文が増加したケースがあります。

## シャワートイレの乾燥機を売るコツ

「品質」がネックという商品もあります。シャワートイレの乾燥機なんか、その典型かもしれません。

思い出してみてください。

シャワートイレが世に出た頃を。「お尻だって、洗ってほしい」という名コピーで、一世を風靡し、一気に認知されました。当時のシャワートイレには、必ずと言っていいほど、乾燥機が付いていました。きっと、開発者は「どうせ洗うなら、乾燥もあったほうがいい」ということで、作ったんだと思います。

私なんか物珍しさもあって、シャワートイレがあると、必ず、お尻を洗ったあと、乾燥ボタンを押し、時間をかけて、乾かしていたものです。

**でも、1つだけ、難点がありました。なかなか乾かないんです。**

これが4点目の「品質」に関係してきます。洗う機能は十分だったけど、乾かす機能は不十分だったわけです。

洗うのは気持ち良かったんですが、私の場合、乾燥になると、乾くまで待てず、チョット乾かしては、トイレットペーパーのお世話になっていました。あなたもそんな経験ありませんか?

品質として十分ではなかったため、いつのまにか、シャワートイレの乾燥機は姿を消してしまいました。今では乾燥機付きのシャワートイレを見つける方が難しいくらいです。もちろん、商品としてはありますが、多くの人は乾燥機の付いていないシャワートイレを買います。

「ほしいとは思ったけど、品質が追いつかず、あまり必要性を満たせなかった」……それがシャワートイレの乾燥機だったわけです。

でも、このままで終わっていたのではおもしろくありません。

この一見、あまり役に立たないシャワートイレの乾燥機ですが、「WIN・WIN」の観点で見直すことによって、目からウロコの方策は生まれないものでしょうか？

そこで改めて、ターゲット分析をしてみます。すると、この商品、ある特定のターゲットに対しては、「必要性・NEEDS」がグッと高まり、売れる商品に生まれ変わります。

ターゲットはお年寄りです。お年寄りをターゲットにした場合、シャワートイレの乾燥機は、あった方がいいという程度のほしい機能ではなく、**「必要性・NEEDS」の高い機能に変わります**。

足腰や膝が弱いお年寄りにとって、最も辛い姿勢が中腰になることです。中腰になって、トイレットペーパーを使うのが、結構、キツイんです。

シャワートイレの乾燥機で、多少時間がかかっても、乾くなら、中腰にならなくてもよく、ずっと座っていられます。これはすごくラクです。

しかも、事故防止にもなります。お年寄りが家の中で、転ぶと、大変なことになります。

この点を徹底的にアピールすることで、「必要性・NEEDS」の低い商品が「必要性・NEEDS」の高い商品に変わります。

## 歯医者さん、美容院の時間戦略

6つ目のポイントである「タイミング」を時間戦略で考えることで、お客様の「必要性・NEEDS」に応え、「ほしさ・WANTS」も高まるというケースもあります。

その代表例が歯医者さんや美容院、床屋さんです。

歯医者さんに関しては、「ホワイトフィット」のケースを紹介しましたが、もっと簡単に収益アップを図る方法があります。

様々な打ち手がある中で、最もコストをかけず、しかも、すぐにできること。それが時間戦略です。ひとことで言うと、営業時間の延長です。夜7時までの診療を、10時までに延長すればいいのです。これで簡単に収益は上がります。

患者さんの立場で考えれば、すぐに分かります。あなたが急に、歯の痛みに襲われたらどうしますか？　夜、痛いのを我慢して、次の日に歯医者さんに駆け込むはずです。

その日がたまたま仕事が休みだったら好都合ですが、普段の日なら、会社に電話をして、遅刻の許可をもらってから、歯の治療をしてもらうことになります。もう少し我慢できるなら、昼休みにでも、会社の近くの歯医者さんを探すことになります。

なぜ、仕事時間中や昼休みに行かなければならないのでしょうか？　なぜ、仕事が終わってからや休みの日には行くことができないのでしょうか？

答えは簡単です。歯医者さんが、私たちが仕事している時間帯と同じ時間帯にしか開いていないからです。

**もし、夜遅くまで開いている歯医者さんがあれば、どうしますか？**　それだけのことです。

深夜営業をすると、営業時間が長くなり、スタッフのローテーションが組めない……などと言う歯医者さんもいるでしょう。

確かにそうかもしれませんが、それならいっそのこと、午前中の治療はやめてしまってもいいかもしれません。診療時間を昼の1時から夜の10時までにしてもいいのではないでしょうか？

実質的な営業時間は変わりません。うしろにズラすだけです。

午前中の患者さんに迷惑がかかるかもしれませんが、それも心配にはおよびません。午前中に来られる患者さんは、午前中でないと困るという方は少ないはずです。

午前中に主に来院される主婦や子供さん、お年寄りの場合、時間的には比較的融通がきくため、午後から来てもらっても、特に支障はないはずです。

家の近くの歯医者さんが夜遅くまで開いていてくれたら……。

## そんなこと考えたこと、ありませんか？

早朝診療もいいかも知れません。開院時間を朝9時ではなく、思い切って、朝6時や7時にするわけです。出勤前や通学前の需要が取り込めるはずです。実際、私の住んでいる地域では、朝6時から診療している歯医者さんがあります。私は行ったことがないのですが、知り合いの歯医者さんによると、結構、流行っているとのことです。

## 割引などやめて、売上げアップ！

時間戦略は美容院、床屋さんなど、すぐにもできます。しかも、お客様の「ほしさ・WANTS」はかなり高い。売上げ限界突破は間違いなし！……です。

私の家からそう遠くないところに、1軒だけ、遅くまで営業している床屋さんがあります。ときどき、前を通りますが、夜の9時、10時でも、いつも忙しそうにしています。すぐ近くに、当社の美人デザイナーの福田さんが住んでいるんですが、彼女によると、日頃から相当流行っているとのことです。

床屋さんは男性向けですが、美容院も同じことです。もし、あなたがカットやカラーをするとしたら、いつ、美容院や床屋さんに行かれますか？　普通は、土日ですよね。なぜなら、それ以外ではなかなか時間が取れないから。それだけの理由です。

当社アデイナスで「売上げ限界突破法」コンサルティングをさせて頂いている静岡県磐田市の理容美容・エステサロンの「ヒーリングステージ」さんでは、営業時間の延長に踏み切りました。19時までだったところ、22時までオープンすることにしました。

「22時まで営業」ということを告知するポスター2枚を店舗前に貼り出し、あとは簡単なチラシを作って、周辺へポスティングをしました。延長効果は徐々に現れ、3ヵ月目には、毎日、入るようになり、その後も伸びています。

女性の場合は、時間だけではないでしょうが、男性の場合は、かなり時間を重視します。1〜2ヵ月に1度、のんびり、うたた寝でもしながら、髪を切ってもらうのも悪くはないでしょうが、できれば、サッサと済ませたいという男性は多いはずです。

ヘアカット専門店「QBハウス」はご存知ですよね?

あの10分、1000円の散髪屋さんです。駅前などを中心に、全国にFCを展開し、2006年6月時点で、335店もあります。

コンセプトは「時間」です。営業時間を延長したり、深夜営業するのではなく、10分で済ませるという**スピードによって、時間を商品化しました**。

普通の床屋さんや美容院では、なかなかまねることはできません。10分カットは難しくても、歯医者さんの事例と同じように、時間延長や深夜営業はできます。

「そんなもの、今までやっていないし、ムリ!」という声もあるかもしれません。

でも、考えてみてください。特に、若手の美容院や床屋さんの場合、通常の営業時間が終わってから、夜遅くまで、練習していることは多いですよね。なぜ、練習を夜にするのですか? 練習を午前中にして、夜遅くまで、営業することはできないんでしょうか?

スタッフの拘束時間は変わりません。練習を午前中にするか、夜にするかの違いだけです。

女性が美容院に求めるのは、単にカットやスタイリングだけではなく、リラックスやゴージャスな自分だけの時間……であることは、百も承知です。だからといって、たまの土日に、せっかくの休みを半日つぶしてまで、美容院に行きたいもんでしょうか? 平日や金曜の夜10時まで開いているとすれば、あなたが女性客なら、どうしますか? やっぱ、行きますよね。

美容院と言えば、駅などでビラ配りしているのをよく見かけます。「新規オープン! 20%OFF」「初回割引30%」など、どこのお店でも、割引が大流行です。

でも、これって、ちょっと、おかしくないですか? 日頃から利用している、得意客であるはずのリピーターには特典が少なく、はじめてのお客様を優遇する。

リピーターにはポイント制度など、いろいろあるはずですが、それにしても本当に「W

ＩＮ・ＷＩＮ」になっているのか？と少し疑問に感じるのは、私だけでしょうか？

時間戦略はほとんどコストをかけず、「ほしさ・ＷＡＮＴＳ」を高める方法です。

## あなたの会社の「ＷＩＮ・ＷＩＮ7ポイント」実践

「ＷＩＮ・ＷＩＮ7ポイント」に関して、いくつかの事例をあげてみました。

事例を参考にして、あなたの会社の「ＷＩＮ・ＷＩＮ7ポイント」を考えてみてください。考える際には、「ＷＩＮ・ＷＩＮ7ポイント展開シート」（次ページ）の活用をお勧めします。すべての項目をキチンと記入する必要はありません。何度も何度も書いてみることです。できれば、社内のみんなで使ってみてください。58ページの枠の中に7ポイントごとに質問項目を設定していますので、それを見ながら記入してください。次ページのサンプルは縮小版です。使いにくい場合は、弊社ホームページ（http://www.genkaitoppa.com）からメールでお問い合わせください。データのダウンロードサービスも行っています。

使用する場合は、まず、各自が思いのまま、記入します。次に、書いた内容をお互いに発表します。その上で、ワイワイガヤガヤ、できるだけ、自由に、ブレーンストーミング風に、ディスカッションします。その中から、目からウロコのポイントを発見してください。

それがあなたの会社とお客様の関係を「ＷＩＮ・ＷＩＮ」にしていく、ツボになります。

テーマ＿＿＿＿＿＿＿＿ 記入者＿＿＿＿＿＿＿＿ 年　月　日

## WIN-WIN 7ポイント

①ターゲット
②必要性·NEEDS
③ほしさ·WANTS
④品　質
⑤価　格
⑥タイミング
⑦広告·販促⇒
広告·トーク3ポイント
:強み、つかみ、キャッチ
(58ページを参照)

| | | |
|---|---|---|
| ①ターゲット | 1 | 2 |
| 3 | 4 | 5 |
| 6 | 7 | 8 |

| | | |
|---|---|---|
| ⑦広告・販促 | 1 | 2 |
| 3 | 4 | 5 |
| 6 | 7 | 8 |

| | | |
|---|---|---|
| ②必要性 NEEDS | 1 | 2 |
| 3 | 4 | 5 |
| 6 | 7 | 8 |

| | | |
|---|---|---|
| その他 | 1 | 2 |
| 3 | 4 | 5 |
| 6 | 7 | 8 |

| | | |
|---|---|---|
| ⑥タイミング | 1 | 2 |
| 3 | 4 | 5 |
| 6 | 7 | 8 |

| | | |
|---|---|---|
| ③ほしさ WANTS | 1 | 2 |
| 3 | 4 | 5 |
| 6 | 7 | 8 |

| | | |
|---|---|---|
| ④品　質 | 1 | 2 |
| 3 | 4 | 5 |
| 6 | 7 | 8 |

| | | |
|---|---|---|
| ⑤価　格 | 1 | 2 |
| 3 | 4 | 5 |
| 6 | 7 | 8 |

# 第4章

# 「重点行動シート」があなたを変える！

## 奇跡を起こす、習慣を変える方法

## 限界に気づくための「限界認識シート」

「ＷＩＮ－ＷＩＮ７ポイント」の説明をしてきましたが、目的は限界突破です。この本の最初に、３つの限界の話をしました。心の限界、行動の限界、成果の限界です。限界突破は、意識面から始まります。心・意識の限界突破がスタートです。

心の限界を突破するために、必要なことの第１歩は「自分の限界に自分自身で気づくこと」です。

業績が悪いので、限界は感じているが、具体的にどこが、どの程度悪いのか？　一体限界はどのレベルなのか？　漠然としていて真の限界に気づいていないことが少なくありません。気づくことがスタートです。気づけば、変わります。変わることが可能です。気づかない限り、変わりようがありません。

**気づきを得るためのツールが「限界認識シート」です。**
**現状のままで推移した場合、どの程度が限界か？**
**それに気づくためのシートです。**

# 限界認識シート＝まず自分の限界と現実を知ろう！！

氏名　　　　　　社名／部署　　　　　　　　　年　　月　　日

1. あなたの会社、部署、個人としての業績は、現状のままだと、どの程度が限界だと思いますか？
⇒売上、粗利、販売量、収入など、現状のままではこの程度が限界、という今期や今月の数値を具体的に。

2. 限界を作っている原因や問題点は何だと思いますか？
⇒あなたやスタッフの意識、情報、スキル、行動、組織などの問題点やその原因を具体的に。

3. これまでどんな手を打ってきましたか？⇒実際に実行したことを具体的に。

4. その結果どうなりましたか？⇒どんな効果や成果があったか、具体的に。

5. 今後、さらに、どんな手を打ちますか？⇒何を、どのように、いつまでになど、具体的に。

6. できるかできないかは問いません。あなたにとって理想・最高の目標は、どの程度ですか？
⇒理想・最高の売上げ、粗利、販売量、収入などを具体的に。

あなたの会社の限界、業績の限界は、どの程度だと認識していますか？　客観的な限界はあるでしょうが、あなたの本当の思い、気づいていない本音を知りたいわけです。「うちの場合、まあ、この程度かなあ」と本音で思っているのはどの程度か？　あなただけでなく、社員、スタッフのみなさんが考えられている限界をまず認識することです。

その限界を作っている理由は何か？　何が原因か？　さらには、問題解決のために、これまでどんな手を打ち、どんな成果が上がったのか？　今後、どんな手を打つのか？

意識の限界から始まり、行動の限界まで、セルフチェックする。それで、限界突破のための気づきを得ていきます。そのための実践ツールです。

**自分の限界と現実を知るために、6つのチェックポイントがあります。**

チェックシートを添付しておきますので、素直に、謙虚な気持ちでチェックしてみてください。

チェックする際は必ず、書き出してみてください。

頭のなかで考えているだけではダメです。頭の中の考えというのは、抽象的で整理されていない場合が多く、明確になっていません。書き出すことです。

書くことで、明確になります。明確になって初めて、具体的な行動をとることができます。

打つべき手を打てるようになります。これはあとで出てくる成功者の3条件にも当てはまります。

日頃から真剣に考え、まとめていると、簡単に書けます。

あなたはどうでしたか？　当社でも実際に活用しています。クライアントでも使っています。

社員、スタッフみんなとチェックすることによって、自分たちの限界はどの程度か、みんなはどの程度を限界と考えているかが分かります。

分かれば、手を打てます。分からないと、手の打ちようがありません。

## 的がゆれると、当たらない

限界突破のために必要なことは、具体的なゴール、的（マト）を定めることです。

**ゴール、的とは、理想、目標、ビジョンのことです。**

会社としての理想や目標が明確に定まっているか？　それがスタッフ個人としてもしっかりと定まっているか？

単に、数字や期限だけではなく、経営トップから末端のスタッフに至るまで、本気で達成したいと思い、達成に向けて、情熱を持って取り組んでいるゴール、的になっているか？ それがなければ、限界突破などできません。

会社でも個人商店でも構いません。営業でも、小売でも、卸でも、メーカーでも同じです。製品を作ったり、販売したり、サービスを提供する以上は、理想や目標があるはずです。問題は、それがどこまで明確で、社員、スタッフに共有化されているか？ それを確認する必要があります。

ここで、簡単なイメージトレーニングをしてみます。

みなさんの目の前に、的があるとします。みなさんは、自分がアーチェリーの選手になったと思ってください。選手として、狙いを定め、思いっきり弓を引っぱり、矢を放つ。

## 「どうすれば、命中しますか？」

まずは、腕を磨かなければなりません。何度も練習し、腕を磨けば当然、命中率は上がります。

技術的に、腕を磨くことだけでなく、パワーを付け、体調を整えることも大切です。コ

# 的を定めよ！！

## 的がゆれると当たらない

| | |
|---|---|
| 最高の目標 | |
| 中間の目標 | |
| 最低の目標 | |
| 的を定めて、重点行動をしよう！ | |

ンディション作りのことです。腕が上がり、ベストコンディションでのぞめば、命中率はどんどん上がります。

ちょっと目を閉じてください。みなさんの頭の中、40～50メートル先に、的があると思ってください。しっかりと的をイメージしてみてください。

みなさんは、アーチェリーの日本代表として、オリンピックに出場しています。幾多の予選を勝ち抜き、とうとうオリンピックの決勝の舞台に立ちました。これまでのキャリア、積み重ねてきた練習のおかげで腕は世界でもトップクラスです。

狙いはもちろん金メダル。コンディションも最高です。

いよいよ自分の番が回ってきました。慎重に狙いを定め、力強く、弓を引っ張ります。的のど真ん中目掛けて矢を放ちます。勢い良く、矢は飛んでいきました。

どこに当たりましたか？

見事、ど真ん中に命中した人もおられるでしょう。残念ながら、外れた人もいるでしょう。

もう一度、やってみます。2回目です。目をつぶったままでいてください。1回目と同じように、狙いを定め、思いっきり弓を引っ張って、矢を射ようとします。

その瞬間です。

まさに、矢を放とうとした瞬間、いきなり的がゆれ始めます。右に左に、上に下にと、グラグラ大きくゆれ出します。これで当たるでしょうか？ ゆれるのではなく、的がぼやけていてよく見えない、かすんでしまっていたらどうですか？ あげくのはてには、的がどこかへ行ってしまったり、そもそもなかったりしたらどうでしょうか？

当たるはずがありませんよね。

**いくら腕が良く、コンディションがよくても、的がゆれると、当たらないんです。**

**ゴールが定まっていたフェイデピディアス**

みなさんの会社にも的、つまり、理想や目標はあるでしょう。

改めて、質問します。

**的は、本当に定まっていますか？**
**トップとして定まっていますか？**
**そこで働くスタッフは定まっていますか？**

本当に的が定まっていれば、腕、つまり、スキルを磨き、会社としての体制、コンディションを整えることによって成果は上がるでしょう。

一方的に会社や上司が押し付けたり、強要したりした目標では、的が定まっているとは言えません。目標達成のため、ガンガンやるのは必要です。でも、やらされているという状態は、的がゆれたり、ぼやけたりしているのと同じです。

自分でこれだけは達成したい、限界突破しようという思いがないため、肝心なときに、ゆれ出し、崩れます。踏ん張りがききません。

今から、2500年ほど前のことです。紀元前489年9月12日、ギリシャのマラトンの地でアテナイ軍とペルシャ軍の戦いがありました。

侵攻するペルシャ軍2万人に対して、アテナイ軍は1万人。その防衛戦がマラトンの戦いです。最初、2倍の兵力を持つペルシャ軍が押してきます。アテナイ軍は必死で戦いますが、中央突破されます。このままでは、敗北してしまうという危機の中、アテナイ軍の両翼が、ペルシャ軍の背後に回りこみ、2万の敵軍を叩いて勝利します。

この勝利の報を一刻も早く、不安な思いで待つアテナイの仲間、民衆に伝えようと、1

人の兵士が走り出しました。その兵士の名をフェイデピディアスと言います。彼はアテナイの地を目指して、懸命に走ります。

必死の思いでたどり着き、「われ、勝てり！」とひとこと言い、息絶えてしまいます。

このとき、マラトンからアテナイにかけて、フェイデピディアスが走った距離が42・195キロということです。その偉業を称えて、マラソンという競技が生まれ、古代オリンピックが始まったという故事があります。

文字通り、命をかけて走ったフェイデピディアス。彼の思いを想像してみてください。

とにかく、一刻も早く、アテナイの家族や仲間、同胞に、勝利したことを伝えたい。この1点ですよね。

まず、強い思いがあります。次に、行くべき場所、ゴールがはっきりしています。「アテナイに行くんだ……！」と。

当然、アテナイに至るための道順も分かっているはずです。走る技術が良いのかどうかは分かりませんが、走るのが速く、コンディションも良かったのだろうと思います。

**だから、ゴールを目指して、何の迷いもなく、走り続けたんだと思います。**

もし、フェイデピディアスが、ちょっと、トボケた兵士だったらどうですか？

走り出したのはいいけれど、アテナイの場所が分からなかったり、方向音痴で、逆の方へ行ってしまったり、道に迷ってしまったらどうですか？

勝利の報を伝えたいという思いが、どれだけ強く、足も速く、コンディションが良くても、アテナイには着きません。


**もう一度、言います。**

**ゴール、的を定めること。**


フェイディピディアスのように、アテナイに行くのだと、ゴールを定めること。

的が定まっているからこそ、偉業を成し遂げることができます。

## 成功者の3条件

では、具体的にどうすれば、的が定まるのでしょうか？


的を定めるということを考えるために参考になるのが成功者の3条件です。

これに関して、有名なエピソードを紹介します。ご存知の方も多いと思います。

アメリカの超一流大学を卒業したエリートがその後どうなったのか、30年後の追跡調査を行いました。するとつのタイプに分かれました。

1つ目が成功者、金持ち。2つ目が中流で、可もなく不可もなくという人たち。3つ目が落伍者。

これをもう少し詳しく調べてみると、成功者には共通のポイントが3点ありました。

**成功者の共通ポイント1点目は、理想、目標が非常に明確であるということ。**

自分は将来こうなりたいというビジョンを明確に描いている、ゴール、的がはっきりしているということです。

明確というのは書き出してあるということです。書き出し、常に目で見て、イメージに焼き付けている状態です。

**2点目は、理想、目標を達成するための計画・ストーリーが明確になっていること。**

これも書き出してあるというのがミソです。しかも、単なる計画ではなく、ストーリーが必要なんですね。

会社や仕事の計画というと、売上げ額や販売数量、それに時期という数字だけで作られたものが大半です。

これがなくては話になりませんが、もっと大切なことは、ストーリーです。

ストーリーとは、理想、目標と現実の間に、しっかりとした梯子《はしご》をかける、階段をつける、ゴールに到達するための流れを作るということです。この手を打てば、お客様はこう反応するから、次にこうして、さらには……という流れです。

現時点からゴールまでの流れが明確になっていますか? つながっていますか?といううことです。つながっていれば、あとはその通りやればいいんです。

的のイメージトレーニングをしました。自分が放った矢が、的に命中したとします。その矢に紐《ひも》がついていると想像してみてください。

紐がついている矢を放つと、その紐が矢と一緒に、ピューと伸びていって、的と自分との間が紐でつながります。それをたぐっていけば、必ず的に到達します。

その紐が途中でぶち切れていたり、もつれていたりして、的までつながっていないなら、的には到達しません。つながっていない状態とは、ただ単に数字と時期を当てはめただけの話で、ゴールに至るためのストーリーがありません。そんなものは計画とは言えません。

**ストーリーを描く、流れをつくるというのは、ゴールと現時点をつなぐということです。**つながりをしっかり考えるのが計画作りのカギです。

**3点目が、今すべきことが明確になっていること。**

これも成功者は書き出しています。ストーリーが描けているから、今すべきことがはっ

## 成功の3つの条件

# 成功の3つの条件

## ビジョン・目標、計画・ストーリー、日々の実行が成功への道を拓く！！

### 成功者の3つのポイント

| | 成功者 | 一般 | 失敗者 |
|---|---|---|---|
| ビジョン・目標を明確にする（書き出す） | ○ | △ | × |
| 計画・ストーリーを明確にする（書き出す） | ○ | △ | × |
| 今すべきことを明確にする（書き出す） | ○ | △ | × |

ある大学で、卒業生のその後を追跡調査したところ、成功者（金持ち）と一般人（中流）、失敗した人（貧乏）に、それぞれ共通のパターンがあることが分かった。

それがこの表。あなたはどこまで実践しているか？！

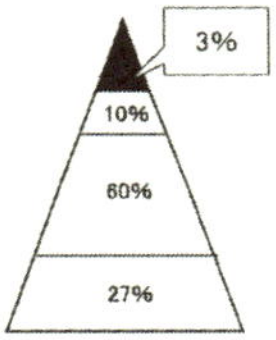


3%の成功者の収入が、
残り97%を上回っていた！！

## ①ビジョン・目標を明確にする。

1. 必ず書き出す。語れるだけではダメ。
2. ビジョン・目標とは、到達すべきゴールをありありと思い描くこと。
3. 常に見て、確認し、心に焼き付ける。確信すること。

## ②計画・ストーリーを明確にする。

1. 年、月、週単位などで必ず書き出す。語れるだけではダメ。
2. 計画・ストーリーには、達成するための具体的な手段、方法、時期が不可欠。
3. 明確な計画・ストーリーが日々の行動の原動力となる。

## ③今すべきことを明確にする。

1. 毎日、必ず書き出す。語れるだけではダメ。
2. 今日すべきことを、前日か毎朝、書き出し、1つずつ、実行する。
3. これが日々の実行と反省と明日のすべきことにつながる。

きりします。それをさらに明確にするため、書き出すということです。

私は、システム手帳によく似たB5サイズのビジネスダイアリーで年間、月間、週間、日々のスケジュールを書き出すとともに、その日の行動や感想を記入し、自己管理しています。

これとは別に日々のすべきことの明確化のため、名刺より少し大きめの、卓上日めくりカレンダーを使っています。今日やることを、前日の夜か当日の朝、整理し、書き出しています。

日めくりカレンダーですが、これにその日のスケジュール、電話などの連絡予定、並行して進めている何種類もの業務内容などを書きます。

何時にどこに行って、何をするとか、誰にいつ連絡をとるとか、どんな企画を出すとか、ルーティン業務はこういう風にしますとか……。

これを毎日、書いて、実行したことは消し込み、次の日の分を書いたら、その日の分は捨てます。**この「消し込み」と「捨てる」というのがいいんですね。**何か、小さな達成感、けじめがあって。

「よし、これはできた！」という気持ちになります。それがモチベーションにつながります。

こうしたかたちで、毎日のすべきことをしっかりと実行することによって、一歩一歩進んでいき、最終的に成功していく。

これが成功者の3条件、成功する人の特徴ということです。

さらに、私の場合、あとで紹介する限界突破のための「重点行動シート」を月曜日と木曜日に書きます。これでさらに、意識と行動面ですべきことを明確にしています。


中流の人たちはどうかというと、彼らは「理想、目標はありますか?」と問われると、「ある」と答えます。でも、書いていない。書いていないから明確ではない。

計画・ストーリーも同じです。問われれば、こうしたいとか、するつもりだとか、口では言います。でも、やはり、書き出していない。だから、行動が伴わない。

だから、すべきことがいい加減になってきます。やりたいとは思っていても、時期と行動が明確ではないため、後手後手に回り、なかなか進まない。

あなたの周りにもこんなパターンの人はいませんか?


失敗した人たちの特徴というのは、マイナス思考の固まりです。理想、目標なんて持っていない。

「そんなこと言ったってできませんよ」「どうせムリ」と、最初からあきらめている。だから、計画もなければ、すべきこともない。結局、何もしないので、ムリだと思った通りの結果になるわけですね。

思いは実現すると言います。まさに、このような「できない」「ムリ」と思ったことがその通り実現し、できない現実が現われます。

社内でもチェックしてみてください。自発的に自分の目標として、自分の計画として、自分の今日の行動として書き出せているか？　これが一番大切です。

## 優勝シーンを完璧にイメージ

大阪の荒れる中学校を立て直し、陸上で連続13回全国優勝に導いた、日本一のカリスマ体育教師、原田隆史先生のことはよくご存知だと思います。

練習にすら来ない、名ばかりの陸上部をわずか3年で、見事、日本一にしたその指導ぶりは素晴らしいの一言に尽きます。今では、天理大学の講師として、教師塾やユニクロ、ワタミなどの社員研修でも活躍されています。

原田先生の著書によると、トップの選手とトップレベルの実力がありながら、あと一歩のところで勝てない選手との差は、勝利への執念だと言います。

やはり、トップに登りつめた選手というのは、みんな勝利への意欲がものすごく強く、絶対に勝てると常に確信している、その思いが、他の選手とは全く違うということです。トップクラスの選手というのは、当然、全員が技術的にも体力的にもトップクラスのレベルにいるわけです。技術や体力の差はほとんどありません。

**勝利への意欲、心の強さが勝敗を分けるということです。**

**心を鍛え、的が全くゆれない状態にするのがカギということです。**

技術、体力がトップレベルなら、的がゆれなければ、命中率は上がります。

心を鍛えるために、何をしたのか？　それがメンタルトレーニングです。

的がゆれないように、徹底的にイメージするということです。

頭で徹底的にイメージするとともに、そのイメージを明確なものにするため、書く。何度も書きます。理想的な姿を。完璧に書き、イメージを固め、まるで映像を見るように、ありありと描きます。

２０００年のシドニーオリンピック、女子マラソンで、女子陸上競技で日本人初の金メダルに輝いた高橋尚子選手が、このメンタルトレーニングを徹底的にやっていました。フィジカル面のトレーニングはもちろん、マラソン当日まで、ほとんど毎日のように、メンタル面を鍛えていたといいます。

当日どんな気分でスタートラインに立っているか？　そのときの周りの雰囲気や景色、応援している人はどんな様子か？　スタート後のペース配分だけでなく、コースの途中の景色、風景、どういう建物があって、どんな人が手を振ってくれているか？　ライバル選手との関係はどうなっているか？　全部、イメージしていたといいます。

さらに、トップでゴールテープを切る瞬間や声援に応えながらウイニングランを満喫し、表彰台の一番高いところに上って金メダルを掛けられて、喜んでいる自分の姿。

こうしたことを本当に**映画でも観るように、鮮明に頭の中でイメージ**していたということです。実際、映画やビデオなら、いつ見てもまったく同じです。ここまで完全にイメージが出来上がっているなら、ぶれない状態と言ってよいでしょう。

あとは、自分のイメージ通り、実行するだけ。ただ予想外のこともありますので、必ず、イメージ通りになるとは言えないでしょうが、基本的には、そういうことです。

## ゴールまでを紐でつなぐ

的の話でたとえると、自分とゴールの間が紐でつながっている状態です。しかも本番で、イメージ通り実行する技術があり、体力、コンディションも整っている。だから何の不安も焦りもない。

原田先生は、技と体に加え、徹底的にメンタルトレーニングを行い、生徒の心を鍛え、的を定めさせました。先生オリジナルの「長期目標設定シート」に、何度も何度も書き込ませ、イメージを明確にし、意識、行動の改革を実践したわけです。だから、日本一になった。本当にスゴイの一言です。

イチローも同じです。バッターボックスに入る前に、球場によって、どちらの足から何歩でウエイティングサークルまで行って、何度素振りして、何歩でバッターボックスに入るかを決めているそうです。バッターボックスに入ると、バックスクリーンの自分のネームプレートに向って、右手を差し出す。

大リーグの球場の場合、バックスクリーンがないところもあるため、大リーガーになってからは、ピッチャーの方を指すようにしているとのことです。

こうして自分の意識を高めていくというのです。

**心を鍛え、技を磨き、体制、コンディションを整え、的にチャレンジしていく。**

常に、ゴール、ビジョン、目標を明確にすること。

ゆれないように何度も何度も的を定める。これが大切です。

## 志とは、自分の人生をかけた理想、使命

的とは、もっと大きく考えると、志のことです。

人間は、生まれる前に、今世の人生計画を立ててくるのをご存知ですか？

今回生まれたら、70年か80年の生涯を通じて、自分を磨き、何らかの形で社会に貢献しようという計画を立て、志を持って生まれてきます。私はそう信じています。

その志をしっかりとつかめた人は強いです。ゆれません。

志をつかむことによって、あなたが本来のすべきこと、仕事上の真なる目標をつかむことができます。そして、それに向って、ゆれずに、進むことができます。

志とは何か？

自分の人生、命をかけてでも実現したい理想や使命のことです。


今から150年ほど前のことです。

1853年、浦賀にアメリカから4隻の黒船がやってきました。黒船とは当時の軍艦です。黒船の船長、ペリー提督は、江戸幕府に対して、開国の要求を突きつけ、「1年後に回答せよ」と言って、去っていきました。

その頃、日本は、鎖国政策をとっていました。圧倒的な軍事力を背景にしたアメリカの要求、実質的な脅しを受け、徳川幕府は大混乱に陥ります。幕府のみならず、これは一大事ということで、国中がこの元寇《げんこう》以来の国難に対処するため、大騒ぎになりました。

**ここから日本は大きく変わります。**

ペリー来航をきっかけに、国論は大きく2つに割れます。

徳川幕府250年の幕藩体制を守りながら、新しい時代に対応していこうという考え方のグループと、尊皇攘夷、外敵を撃ち、天皇を中心に新しい国づくりをしていこうというグループです。

どちらが正しいか。それはその後の歴史が証明していますが、当時は何とか国難を乗り切ろうと、みんなが一生懸命だったわけです。

その中で大きなせめぎ合いがありました。このままでは、2つのグループ間で、大規模な武力衝突が起こり、内戦状態になってもおかしくない切迫した状況の中、ほとんど血を流すことなく、日本は、明治維新を経て、近代国家に生まれ変わりました。これはすごいことです。

日本以外の他の国は、欧米列強の侵略政策で、エライ目にあいました。

ほとんどの国が植民地化されました。アジアの大国であったインドはイギリスの植民地となり、中国までやられてしまいました。

欧米列強以外で植民地になっていない国は、アジアでは、日本とタイ以外にはなかったのです。

鎖国をしていても、そんな情報は逐一入っていますので、このままでは、日本も同じ目にあうという、相当な危機感がありました。

でも、日本はそうはなりませんでした。


**その理由が、志です。**


様々な要因はあったでしょうが、日本の将来を考え、大きな志を持って、限界を突破した一群の志士たちの働きがあったからです。

文字通り命をかけて、不惜身命《ふしゃくしんみょう》、おのれの命を惜しまずに、大きな夢、理想に殉じる心、志を持つリーダーが多くいて、その志が本物だったからこそ、国難を乗り超えることができたのです。

結局、2つのグループはそれぞれ方向性、方法論は違いましたが、日本をよくしたいという大きな志、理想は一緒だったんですね。

世のため、人のため、国のため、何とかしなければならないという熱い思い。だから、小異を捨てて、大同につくことができました。

## 1人の志が1万人を変える

江戸時代に武士の心得を記した『葉隠《はがくれ》』という書があります。佐賀鍋島藩に仕えた山本常朝が、武士道における覚悟を説いた修養の書です。

この中で、「武士道とは死ぬことと見つけたり」という有名な言葉があります。

これは、命を惜しむなということですが、命を粗末にせよという意味ではありません。

そうではなく、自分が果たすべき使命、実現すべき理想のためには、自分個人の命を惜しまないという意味です。

志とは「士」の「心」と書きます。

「士」とは「武士」の「士」、つまり、サムライのことです。理想、使命のためには命を惜しまない「士」の「心」。それが志あるものの生き方です。

**あなたは、志を持っていますか？**
**大いなる志を持って、仕事をしていますか？**
**命をかけてでも惜しくない、人生をかけてでも達成したいものがありますか？**

命をかけるに値するものは、なかなか見つからないかも知れません。

でも、志があると、困難、苦難に遭遇したときに、ゆれません。不動心が生まれます。

志があると、多くの人が共鳴し、行動を共にします。大きな力を発揮します。

その1人の志は1万人の人々を変えることができます。

明治維新は、命を惜しまない3000人の志士が成し遂げました。当時の日本の人口は3000万人です。維新の志士3000人が、3000万人の人々を変え、今の日本の礎（いしずえ）を築きました。

1人の志が1万人を変えたのです。

志には、それほどの力があるのです。

## 限界突破のための「重点行動シート」

志とは、人生、事業を通じて実現すべき大きな夢や理想のことです。自分の人生をかけるに足る大きな的のことです。志を実現するためには、この志という大きな的をもう一段、現実レベル、業務レベルに落とし込むことが必要になります。

**そのためのツールが限界突破のための「重点行動シート」（151ページ）です。**

まず、チャレンジしようとする具体的なテーマを決め、3つの目標、達成イメージ、決意、問題点、そして、日常レベルで行う重点行動5項目以上を書くシートです。常に書き続けることによって、的を定め、行動を具体化、明確化しようというものです。

当社アディナスでも頻繁に書いています。当初は、ほぼ毎日のように書いていました。今は、毎週、月曜日と木曜日に全員がそれぞれ書くようにしています。繰り返すうちに、どんどん的が定まり、行動が明確になり、意識改革と行動改革につながっています。

**「重点行動シート」は、最初に、テーマを記入します。**

テーマは今月の仕事でも、○○キャンペーンでも、新商品の企画・開発など、何でも結構です。

**次に、3つの目標を書きます。**

そのテーマについての最高の目標、中間の目標、最低の目標の3つです。これは、陸上日本一を成し遂げた原田先生が実際に指導されているんですが、3つの目標を書くということに意味があります。

3つの目標とは、「あなたが考える意識の上限はどこですか?」「下限はどこですか?」

そして、「中間はどこですか?」を問うものです。
まず、上限と下限を明確にすることで、目標の幅が分かり、目指すべき目標、チャレンジすべき目標がはっきりします。

**3つの目標を書くと、意識の限界がよく分かります。**

たとえば、ギリギリの絶対可能な目標しか、意識していない人。反対に、夢というより、大風呂敷としか言いようのない、現実味が全くない大きな目標を書く人。3つの目標がキチンとあって、現実をしっかりと見据えながら、大きな理想、目標に向かって歩んでいる人。
社長や幹部と言えども、目標意識があいまいになっているケースがあります。目先のことに追われ、会社を維持するために最低限必要な数字を目標と称しているだけで、理想も志もない。その数字はチャレンジすべき目標ではなく、単なる予算のことです。
目標と予算は違います。

**予算は企業として生きていく上で、最低限・必要なレベル。目標は、理想実現のためにプラスを産み出していく、チャレンジしていくレベルのことです。**

前期の実績がいくらだから、今期はこうするというものでないはずです。それも必要です。でも、現状に縛られていては、限界突破などできっこありません。

# 重点行動シート＝的がゆれると、当たらない!!

テーマ＿＿＿＿＿＿＿＿＿＿ 部署＿＿＿＿＿＿＿＿ 　　年　　月　　日

私＿＿＿＿＿＿＿＿は、下記の目標・重点行動を実行し、限界突破します。

時期、数字など目標を明確に記入して下さい。中間とは、最高と最低を踏まえて、目指すべき目標。

①最高の目標＿＿＿＿＿＿＿＿＿＿＿＿＿＿＿＿

②中間の目標＿＿＿＿＿＿＿＿＿＿＿＿＿＿＿＿

③最低の目標＿＿＿＿＿＿＿＿＿＿＿＿＿＿＿＿

○達成イメージ⇒目標を達成した時のイメージをありありと描く。自分は、みんなはどうなっているか。

○念(おも)い、決意⇒私は下記の念(おも)い、決意で取り組みます。

○達成のための問題点⇒何が問題か、阻害要因か。具体的に。

○重点行動項目⇒5項目以上。誰が、何を、いつまで、どれほどになど、主体・対象・日付・数を具体的に。
例：私は毎日、○を、○回する／私は、○さんに、○日までに、○を、○回してもらう。
「○○を徹底する」や「○○を100%します」などはダメ。すべて具体的に。

| 項　目 | 期 限 | 結 果・チェック |
|---|---|---|
| | | |
| | | |
| | | |
| | | |
| | | |
| | | |
| | | |
| | | |
| | | |

中間管理職ぐらいになると、さらにあいまいで、目先の売上げ、ノルマしか考えていない。若いスタッフになると、自分で目標設定などほとんどしない。こんなことはありませんか？

## 3番目は、達成イメージです。

達成できたときはどんな状態で、どんな気持ちか。それをイメージします。自信に溢れている、みんなが笑顔で喜んでいる、スキルアップしたなど、何でも構いません。

業務用美容メーカーの幹部研修では、目標を達成したら、「韓国で平日ゴルフ付きのドンチャン騒ぎをする」と、営業所長が書いていました。こんなんでいいんです。達成したら、どんな喜びがあるかを具体的にイメージすることが大切です。

コツは堅苦しく考えないことですね。

## 4番目が、念い、決意です。

思いではありません。念いです。念ずるくらい強い念いです。絶対達成するということですね。

これは、自分に対する宣言になります。同時に、みんなに対する約束です。日産を危機から救い、リバイバルさせたカルロス・ゴーン流に言うなら、自分とみんなに対するコミットメントです。

**5番目に、達成のための問題点を書き出します。**

どんな問題があるのか、具体的に書いていってください。

## 重点行動項目は5つ以上書くのがコツ

**最後が、目標達成のために行う重点行動項目です。**

これは最低5項目以上、書きます。記入内容は、誰が何を、どのように、どれだけ、いつまでに、を明確にします。

たとえば、「私は毎日100件、新規エリアに、営業訪問します」「私は毎日、品質チェックを2時間毎に、4回します」「私は、部下の石山さんに、15日まで、販促企画案を出してもらう」など、できるだけ明確にすることが大切です。

明確というのは、書いた本人が分かるのは当然として、上司や部下、他のスタッフが見ても、簡単に分かるというレベルです。しかも、これを何度も書きます。

書けば書くほど、的が定まり、行動が明確になってきます。

10分間程度、時間をとって、一度、書いてみてください。

**「重点行動シート」は、記入後、社内や部署内で、お互いに読み合います。**

自分で決めた内容を、お互いに発表することで、文字通り、宣言となり、約束、コミットメントになります。これが意識アップにすごく役立ちます。

それと、スタッフそれぞれの意識、目標、行動のズレが分かります。

社長や上司が期待していることと、部下が認識していること、やろうとしていることの**ズレが明確になります**。それを放置していると、実際の行動の中でのズレにつながります。

よくありますよね。

トップが口をすっぱくして言っていても、部下には伝わっていないということが。そのズレがなくなってきます。

重点行動項目で、上司としては、Aという主力商品に関して、今週中に、これくらいのことはやってほしいと思っていても、部下の方は肝心のA商品のことが、意識からすっぽり抜けている。取扱商品の多い会社なんかでは、こんなバカなこともあります。

意識を本当にそろえていって、的を1つにできるだけ絞っていく。まあ、そういったスタイルがいいわけですね。

これはできるだけ頻繁にやるのがいいですね。

ベストは、毎日です。毎朝出勤時に書いて、確認し合います。そして、幹部や責任者がコメントをつけて返却します。記入した本人は、終了時に、反省を書き込みます。毎日書くのが大変だったら、せめて1週間に1回、必ず書いてからミーティングすることです。「重点行動シート」を記入して、ミーティングをすると、ミーティングの内容がより具体的になります。単に数字を確認したり、責めるだけではなく、意識から行動まで、中味の濃いものになります。

## 事例紹介2 「重点行動シート」が会社の危機を救った

**神戸市　K社　ガソリンスタンド・チェーン**
**この1年間、ほとんど目標をクリアできなかった北店が重点行動シート記入2ヵ月で、目標を達成!!**

実際に、「重点行動シート」を毎日使い、見事、限界突破した事例について、ご紹介しましょう。

神戸に本社を置くK社は、7年前から4年間、当社アデイナスが営業・販促面のコンサルティングと社員研修、現場フォローを全面的にお手伝いしていた石油・カーケア関係のガソリンスタンド・チェーンです。14店舗を運営し、当時は、販売力抜群で、毎月、販売記録を更新するほど、実績も上がっていました。

中でも北店は全国でも有数の販売実績を記録し続け、全国から同業者の見学が相次ぐほどでした。社員の人間関係もよく、元気で明るく、活気のある、素晴らしい会社でした。

契約終了後も情報交換などはさせて頂いていましたが、競合店の進出やリストラの影響もあり、いつの間にか、業績が悪化。

リーダーシップを発揮し、現場を引っ張っていたブロック長が事情があって退職し、優秀店の店長も去るなど、社員が何人も辞めていきました。

当然、残ったスタッフに対するプレッシャーはきつくなります。人間関係も悪くなり、会社経営にも重大な影響が出ていました。

そんな状況の中、危機感を持った社長から電話がありました。

会社にお伺いしたところ、社長はこれまでの経過や販売実績などを説明した上で、**「何とか会社を立て直さないと、このままでは大変なことになる**。そのために協力してほしい」と、コンサルティングの再開を依頼してきました。

コンサルティングに入る前に、幹部、店長クラスのヒアリング、実績分析、店舗チェックを実施しましたが、驚きました。契約終了後も販売速報は見ていましたので、「実績が悪いなあ」とは思っていましたが、実態は予想以上でした。

**「ここまで落ちるか!?」**

思わず唸《うな》るくらい、業績、人間関係、雰囲気、覇気、勢いなど、すべての面でまさにどん底。過去の栄光はどこにいったのか!?というくらい、ガタガタの状態になっていました。

立て直しを図るため、販売手法の見直しや意識改革に取り組んだわけですが、意識改革と行動改革のツールとして、使ったのが「重点行動シート」です。

最初は、やはり、書くのが面倒で、なかなか定着しません。それでも、「重点行動シート」の重要性を認識した常務と部長は、**すべての店舗の社員とアルバイト全員に、毎日、記入させることにしました。**アルバイトにも書かせるというのがスゴイですよね。

毎日、どういった目標を持ち、どういった行動で目標を達成するのか？　全員が仕事の前に書いてから業務を開始します。

社員とアルバイトだけではありません。部長も自ら書いて、常務に提出することにしました。

**続けているうちに、社員の的、目標が定まり、やる気と行動が変わってきました。**

しかも、社員は毎朝、自分が記入した「重点行動シート」を部長にファックスします。部長はファックスで送られてきたシートをチェックし、コメントをつけて、送り返すことにしました。これに毎朝、1時間以上も時間をかけていたと言います。

このエネルギー、情熱には、私も頭が下がります。

業績が回復してきたのと、「重点行動シート」を徹底しはじめたのは、ほぼ同じ頃だったと思います。

みんなが自分のすべきことを明確に意識し、実行することで、実績が上向き始めました。今まで、ギクシャクしていた人間関係もジワジワ修復されてきました。

この1年間、ほとんど目標をクリアできなかった北店はコンサルティング開始2ヵ月で、目標を達成しました。その後もほとんど毎月、達成という奇跡の復活を遂げました。

毎日、続けることは、大変です。実際、記入しても、行動が伴わないこともあります。でも、記入し、意識と行動、目指すべき成果を明確にすることが出発点です。

継続が意識の限界を突破し、行動の限界を突破し、成果の限界を突破しました。幹部が危機感を持ち、情熱を燃やし、本気で取り組んだ会社の勝利であったと言えます。

この事例に関しては、第6章で、さらに詳しくドキュメントします。

## 事例紹介３　「重点行動シート」で若手スタッフの実績アップ

**関西　Ｎ社　創業１１０年以上　老舗の小売販売チェーン**
**「重点行動シート」を記入した日ほど、実績が上がります!!**

関西のＮ社は、創業１１０年以上、14店舗を運営する老舗の小売販売チェーンです。ここ５年ほどで、ベテランが相次いで定年などで引退し、幹部クラスの若返りが進んできました。当社は、４年間、コンサルティングをしていました。実績は着実に上がり、毎年、これまでの販売記録を塗り替えるほどの成果を上げています。

「重点行動シート」は、特に、若手スタッフの意識と行動改革に役立ち、幹部によると、毎日、しっかり記入しているスタッフは成果につながり、記入した日ほど、実績が上がるということです。

たとえば、こんなことがありました。

各店舗の若手スタッフを毎月集めて実施していた「パワーアップ研修」でのことです。原則として、若手スタッフは全員、毎日、「重点行動シート」を記入し、担当ブロックの課長に提出することになっています。その実践状況を課長が確認したところ、一部スタッフに記入忘れがありました。

そこで、課長が毎日、記入しているスタッフに、効果について質問しました。

**「書いた日と書かなかった日で、何か違いはあるか？」**

20歳くらいの若いスタッフが答えました。

**「やっぱり、書いた方が実績が上がります。書くことで、すべきことのモレがなくなるからです。毎日書く方がいいですね」**

書くのは、ホント、面倒くさい！

でも、たったそれだけで、売上げが上がるなら……。

あなたなら、書く方を選びますか？書かないままでいますか？

若手NO1クラスの実績を上げるモリ君は、なかなか記入しませんでした。

その言い分が「毎日書いても同じことばかりで、ムダ」。

それを何とか、記入させるようにしたら、しばらくして、「書く方がいいですね」。

その後、彼は立派に成長して、社内でもトップクラスの実績を上げる店長になりました。

とにかく、書くことです。そこから意識と行動の限界突破が始まります。

## 質問1　能力の低いスタッフの目標レベルはどうすべきか？

ここで「重点行動シート」の記入の仕方や活用法について、当社アディナスの「売上げ限界突破クラブ」セミナーで、参加者から実際に出された質問を紹介します。

回答はその場でお答えしたものをベースに、一部、補足してあります。

**質問**

**社員に対し、最高、中間、最低の目標を記入させる際に、目指すべき目標が高く、社員がついてこれない場合など、社員それぞれの能力レベルと目標のレベルが合わないときはどうすればいいのですか？**（小売販売チェーン森山マネージャー）

**回答**

能力や目標などのレベルが合うか合わないかの問題は確かにありますね。それでもとにかく、「重点行動シート」を全員で書きます。アルバイトも含めてみんなで書きます。

**書くと、本人の意識が目標数字に表れます。**

ほとんどが、上司であるあなたが求めているより低い数字を書くと思います。目標として、１００を求めているのに、最高の目標でさえ50しか出てこないといったケースです。最高の目標を50と書いているため、中間の目標は40であったり、最低の目標に至ってはたったの30や20というレベルです。

重点行動もそれに応じたレベルで書いているはずです。記入した本人の意識の中では、50が最高、つまり天井となっているわけですから、重点行動項目は、最高を達成するためではなく、中間や最低の目標をクリアするための行動しか記入していないことが少なくありません。これでは50でさえも、行くはずがないということですね。

だから「重点行動シート」が必要なんです。「会社としてここまでやりたいんや！」「そのためにこれだけの行動をする、そうしたら必ず行くんや！」ということを明確に伝え、共有するためのシートです。

「目標達成のために今日はこれをする。明日はこれをする。」「私はAさんにセールス教育を今週中にやる、だから、実績がこれだけ上がるはずだ……」とかね。

**書くことで、みんなの意識が分かります。ズレや差が分かります。分かるから、修正できる。分からなければ、手の打ちようがないということです。**

事例紹介2のK社は全員に書かせているんですね。

最初はみんなブーブー言っていましたよ、毎日ですから。書いてはいても、当初は目標も行動もまだまだいい加減。それが毎日、書いていると、内容もしっかりしてきますし、レベル的にもそろってきます。

もし、それでもそろっていないとすると、フォローができていないか、そもそもトップの的が定まっていないため、みんなに伝えていないということです。

自分自身は、「本当に的がゆれてないか?」と問うてください。

人生の的がありますね。仕事の的がありますね。5年後、1年後、今月、今週、今日というように、ここまで本当に的が定まり、つながっているかどうかです。

ほとんど定まっていないし、つながってないんです。そこで細かい作業をやっていくんです。そうすると定まってきます。つながってきます。「あっ、これでいける」と思えてくるんです。少なくとも何ステップかは上がると思います。

## 質問2　数字目標のない事務職の目標設定はどうすべきか?

**質　問**

**記入すべき目標は、数字がない部署の場合、どうするのですか?**

## 回答

普通、事務職は売上げ目標などがありませんので、「重点行動シート」の目標記入欄の書き方が違ってきますね。

どう書けばいいのか?

たとえば、「事務処理能力を2倍にする」とか記入するわけです。

事務職の場合、数字責任はないというのが一般的ですが、本当はそうではないんです。売上げなどに直接結びつく数字責任はないかもしれませんが、コスト面での数字責任は個人レベルでも明確にできます。

事務処理に関する生産性があります。同じ仕事を2分の1の時間ですれば、事務処理量スピードは2倍に増えます。その分がまるごとコスト削減にはつながらないかも知れませんが、経費は減ります。

数字以外の目標でもOKです。

朝からズッと笑顔でいる、あいさつは誰よりも早く、自分からする、毎朝、掃除をする、クツをそろえる……とか、何でもいいわけです。

とにかく求めているものは何か、的が定まっていれば、数字に限らず、目標は出てきます。

実際、事務職の「重点行動シート」記入は、数字以外の目標を書き込みます。

事例で説明しますね。

当社アデイナスでサポートさせて頂いている、畳屋さん、さかえ畳店のケースです。

このさかえ畳店さん、ただの町の畳屋さんではありません。営業力のある社長が28歳のときに創業し、まったくのゼロから始めたにもかかわらず、ピークで年間売上5億円を突破しました。

社長は、もともと畳職人でもありません。何をして、そんなに伸ばしたのか？　マーケティングと製造の効率化がカギですが、詳しくは、また、機会があればお話しします。

この会社、職務は大きく3部門に分かれます。営業と製造と事務です。

営業スタッフの場合、「重点行動シート」の記入項目は明確です。製造スタッフも、目標は製造枚数や品質管理、生産性など、比較的、書きやすいですね。問題は、事務スタッフです。全体会議を兼ねた研修会の際、案の定、女性事務スタッフから質問が出ました。

事務スタッフ「事務の場合、どう書けばいいんですか？」

砂田「事務スタッフのみなさんの場合、何が大切ですか？」

事務スタッフ「営業事務なので、お客様の受注受付や営業さんへの指示などを正確にすることが一番大切です。受注時に間違いがあると大変ですから」
砂田「それは最も大切ですね。あとは……?」
事務スタッフ「電話での応対がほとんどなので、言葉遣いもていねいにしないと……」
砂田「そうですね。ところで、みなさん、電話は笑顔でしていますか?」
事務スタッフ「………???」
砂田「電話のときも笑顔でかけるんです。すると、その笑顔が相手に伝わるんです」
事務スタッフ「ふ〜ん、なるほど!」

というような、やり取りをしたあとで、「重点行動シート」に目標や重点行動項目を記入してもらいました。

そこで、書かれた目標は「最高目標=いつでも笑顔で対応する」「最低目標=平常心で対応」「中間目標=あせらずに対応」といったものになりました。

実際、女子営業スタッフの電話応対などは、かなり改善されました。

# 第5章 情熱温度 1000度

熱い念いで、変えよう

## 変われないことが、大変

この本でお伝えしたいことは、「四正道・WIN-WIN」の視点で、自らの意識を変え、行動を変え、限界突破する……！　これに尽きます。

「そんなこと言われなくても分かってる、それを実践するのが大変なんだ！」

ホント、その通りです。

今までの考え方、やり方、あらゆることを変えるのですから……大変に決まっています。

### 「変えること」ほど、大変なことはありません。

実際、「大変だ」「大変だ」とよく言いますよね。当社のクライアントでも、よく耳にしますし、業績を見れば、それこそ大変な会社ばかりと言ってもいいくらいです。

あなたの会社、「大変」じゃないですか？

もちろん、儲かって儲かって、笑いが止まらない会社もあるでしょう。でも、ほとんどはそうではないはずです。会社の状態、取引先との関係、社員のレベル、それに将来のことを考えると、ホント、大変です。それは私も同じです。

中には、毎月、月末をどう乗り切るかで頭がいっぱいで、将来のことなど考える余裕すらない経営者もいるでしょう。私もそんな思いで、眠れないことがありました。貯金通帳の残高を見ながら、入金と支払を計算して、それこそ綱渡り的に資金を回す。当面の危機を乗り切ったとしても、何とも言えない、漠然とした不安はぬぐえない。頭の上に、まるで分厚い暗雲がたれこんだように、重苦しい気分になる。考えると言うより、不安と悩みが頭の中をグルグル回るだけ。ほとんど眠れず、気がついたら、白々と夜が明けている……。

経営者なら、誰でも、こんな思いはしたことがあるはずです。本当に、大変です。

## ところで、「大変」って、何のことですか？

大変とは、「大きく変わる」と書きます。何が大きく変わるのか？

時代が変わる、環境が変わる、価値観が変わる、行動が変わる、お客様の意識が変わる、ニーズが変わる。あらゆるものが変わるということです。

あらゆるものが大きく変わる状況の中で、変われない自分、変われない会社、変われない商品やサービス、変われない考え方や方法……。

とにかく、あらゆることがすごいスピードで変わっていくんです。これを仏教では諸行無常と言います。

諸行とは諸々のこと、つまりあらゆるものごとのことです。無常とは常なるものはない、常に同じ状態でいることはないということ。すべては変化していくということです。

環境のすべてが変化していく中で、変わらない、変われない自分や会社がある。

**変わらない、変われないから、通用しなくなる。だから、「大変」なんです。**これが「大変」の本当の意味です。

## ゆでガエル

これまではこの方法でうまく行っていたのに、なぜか分からないが、売れなくなった……。前回はヒットした企画なのに、今回は泣かず飛ばずで、結果は散々……。あなたの会社としては、これまで通り、すべきことをやっている。でも、うまくいかない。あんなに成功したやり方なのに、思うように結果が出ない……。


理由は簡単です。

変わったからです。

その成功をもたらしていた状況、条件、環境が変わったからです。お客様のニーズや価値観、競合商品やサービスの台頭など、あなたが思っていた以上に、様々なものが変わったからです。あらゆるものが変化していく中で、変化できずに、通用しなくなっていったとき、「大変」なことが起こります。

**では、どうすればよいのか？**
**必要なことは「自分を大きく変える」ことです。**

自分、つまり、あなたの考え方、価値観、自社の商品、サービス、販売方法、ノウハウなど、「自分を大きく変える」ことです。

「変わらなければならないとは、分かっているんだけど、なかなか変われないんだよね……」

そんな声があることは分かっています。でも、変わらないと、本当にダメになるんです。

「大変」とは、あらゆることが「大」きく「変」わる状況の中で、「自分」を「大」きく「変」えること。大きく変えることで、次なる発展があります。これまでの限界を突破することができます。

「ゆでガエル」の話はご存知ですよね。

鍋に水を張ってカエルを入れます。下から弱火で徐々に熱します。最初は冷たかったのが、徐々に熱されて、カエルもだんだん気持ちがよくなっていきます。そのうちのぼせ上がり、ふと気がつくとゆで上がって、死んでしまうということです。ある本を読んでいたら、どこかの大学で本当に実験したと書いてありました。

あらゆることが変化していく中で、カエルのようにじっとして、変わらないでいると、いつの間にか、取り返しのつかない状況になります。しかも、その変化は徐々にきます。熱いお湯にカエルを放り込めば、カエルはすぐに逃げ出します。しかし、徐々に熱していくと、その変化になかなか気づかず、たとえ、気づいたとしても、まだ大丈夫と勘違いをして、最悪の結果を迎えます。

これまで通り、変わらなければ、大変な「ピンチ」になります。と同時に、「大変」とはこのままでは通用しないという事実を教えてくれ、自分や自社を大きく変える「チャンス」のことです。

## 成功体験を捨てる

変わるというのは、言葉を変えると、「捨てる」ということです。

限界突破シリーズ　**大いなる自己変革**

## 大いなる自己変革＝自分を大きく変える

**大　変**

**↓**

**大きく変わる**

**↓**

**自分を大きく変える**

### ①自己変革

自分の意識、行動を変える。
すべてのものごとが変わる中で、変わらない自分を変える。
大きく変わらなければ通用しないため、大変。

### ②ゆでガエル

カエルを鍋に入れて、徐々に熱すると、逃げもせず、ゆで上がる。
変化の中で変化しないと、それこそ大変なことになる。

### ③捨てる

変わるためには、これまでの考え方、固定概念、先入観、
行動パターンを捨てる。捨てれば、つかめる。サルになるな。

あなたがこれまで培ってきた考え方や方法、あらゆるものをドンドン捨てるということです。これがなかなか難しい。捨てられない。

なぜなら、捨てなければならないものこそ、これまでのあなたを支えてきた考え、ノウハウ、もっと言えば、存在価値そのものだからです。

**捨てるべき最たるものは、成功体験です。**

これまでに成功してきた手段、方法、やり方、考え方……。これらを捨てられるかどうかです。なぜ、成功体験を捨てなければならないのか？　次の発展を邪魔するからです。

ある商品が売れるとします。

バンバン売れると、当然、「よっしゃ〜！」という気分になります。「これでいける！」と思います。それがいつの間にか「このままでいける！」に変わり、「このままで行けるはず……」となり、最後には「このままではどうしようもない！」になってしまう。これが世の常です。

理由は簡単です。

「これでいける！」と思っていた状況がいつの間にか、変化したからです。

たとえば、あなたの会社のヒット商品を見て、早速、競合が参入してくる。よりよい商品が溢れ出す。そのうち、商品が行き渡り、供給過多になる。さらには値崩れがおき、デッドストック、資金繰りの悪化にもつながる。

一時的にブームになった商品だけでなく、ロングラン商品でも同じようなサイクルを繰り返しています。

売れる条件、売れていた環境が変わったからです。**変化に対応し続けるには、売れていたときの成功体験を捨てることです。**P・F・ドラッカーが指摘する「イノベーション＝創造と破壊」です。

変化に対応して、既存の商品・サービス、そのもとにある考え方やノウハウをどこまで破壊し、新たなものを創造するか。企業の成長とは、イノベーションの連続のことです。でも、なかなか捨てることができない。それが現実です。

## なぜ、あの業界は消滅したのか

成功体験を捨てることができず、業界そのものが消滅したケースも少なくありません。

町のタバコ屋さんはほとんど自販機にとって代わられ、酒屋さんや米屋さんは大半が淘汰され、その多くはコンビニなどに業態転換しました。町の工務店は新築ではなかなか食べていけないので、リフォームに力を入れています。

小資本の小規模店は変化に気づきながらも、業態転換し、変化に対応するのが難しいものです。

では、大資本の大企業ならどうでしょうか？

人もモノも金も情報もある。当然、変化を先読みして、先手を打ち、見事にイノベーションし続けているケースもあります。

その一方で、大きいがゆえに、変われない、成功してきたがために、変化できずに、消え去る運命をたどったケースもあります。

現在、経済・生活を支えるエネルギー源は、石油です。

１９９０年頃までは、石油メーカーは10社以上ありました。日本石油、出光興産、エッソ、モービル、昭和シェル、共同石油……などです。その後、銀行と同様、業界の再編が進み、５つぐらいのグループに集約化されています。

石油の前の主力エネルギー源は、石炭でした。とくに昭和10年代から20年代、戦後の昭和30年代の半ばまでは石炭が重要な位置を占めていました。

石炭は、当時「黒いダイヤ」と言われていたように、掘れば儲かって儲かって、仕方が

郵便はがき

料金受取人払郵便

赤坂局承認

6467

差出有効期間
平成28年5月
5日まで
(切手不要)

1 0 7 - 8 7 9 0

112

東京都港区赤坂2丁目10-14
幸福の科学出版(株)
愛読者アンケート係 行

ご購読ありがとうございました。お手数ですが、今回ご購読いただいた書籍名をご記入ください。

| 書籍名 |
| --- |

| フリガナ<br>お名前 | 男・女 | 歳 |
| --- | --- | --- |
| ご住所 〒 都道府県 | | |
| お電話( ) - | | |
| e-mail アドレス | | |
| ご職業 ①会社員 ②会社役員 ③経営者 ④公務員 ⑤教員・研究者 ⑥自営業 ⑦主婦 ⑧学生 ⑨パート・アルバイト ⑩他( ) | | |

ご記入いただきました個人情報については、同意なく他の目的で使用することはございません。ご協力ありがとうございました。

# 愛読者プレゼント☆アンケート

ご購読ありがとうございました。今後の参考とさせていただきますので、下記の質問にお答えください。抽選で幸福の科学出版の書籍・雑誌をプレゼント致します。(発表は発送をもってかえさせていただきます)

## 1 本書をお読みになったご感想

(なお、ご感想を匿名にて広告等に掲載させていただくことがございます)

## 2 本書をお求めの理由は何ですか。

①書名にひかれて　②表紙デザインが気に入った　③内容に興味を持った

## 3 本書をどのようにお知りになりましたか。

①新聞広告を見て [ 新聞名：　　　　]
②書店で見て　③人に勧められて　④月刊「ザ・リバティ」
⑤月刊「アー・ユー・ハッピー?」　⑥幸福の科学の小冊子
⑦ラジオ番組「天使のモーニングコール」　⑧幸福の科学出版のホームページ
⑨その他 (　　　　)

## 4 本書をどちらで購入されましたか。

①書店　②インターネット (サイト名　　　　)
③その他 (　　　　)

## 5 今後、弊社発行のメールマガジンをお送りしてもよろしいですか。

はい (e-mailアドレス　　　　)・いいえ

## 6 今後、読者モニターとして、お電話等でご意見をお伺いしてもよろしいですか。(謝礼として、図書カード等をお送り致します)

はい・いいえ

弊社より新刊情報、DMを送らせていただきます。新刊情報、DMを希望されない方は右記にチェックをお願いします。　□DMを希望しないない時代でした。大手の企業は石炭にどんどん投資をして、鉱山開発をしました。

ですから石炭メーカーというのは、三井、三菱、住友など、財閥系の大手が進出し、それらが母体となり、北海道から九州まで全国で鉱山開発をして莫大な利益を上げていました。

当時、鉱山会社は、就職先としても人気がありました。待遇もいいし、将来性もあると思われていましたので、優秀な人材が全国から集まってきます。資金も潤沢、政府・官公庁とも太いパイプでつながっているので、情報力も強い。

一方で、新たなエネルギー源として、石油も重要性を増してきていました。「石油の一滴は血の一滴」と言われるようになり、徐々に、石炭から石油へのエネルギーの転換が始まりました。

ここでチョット考えてみてください。

昭和20年代から30年代にタイムスリップしたとして、あなたが石炭会社の幹部だったとします。石油の台頭とともに、石炭の地位が危うくなってきます。その状況に直面して、あなたならどうするかということです。

お金もあります、人材もいます、情報もあります、全国に多くの販売拠点も持っています。政府や行政とのパイプもしっかりとしています。今後は石炭から石油の時代になる、主役が交代するのは誰の目にも明らかなため、石油への業態転換を図ろうと、当然、考えます。

それが普通です。

## 分かっているのに変われず消滅

ここでひとつ質問をします。

先ほど、業界再編前で10社ほど石油メーカーがあると言いましたが、そのうち石炭メーカーが母体となった石油メーカーというのは何社あると思いますか？

私が石炭メーカーを経営していたとします。「砂田鉱山」という会社をやっていって、石炭ではしっかりと儲けていたとします。これからは石油の時代だと思い、「砂田石油」に業態転換しようというわけです。


もう一度、質問します。

**石炭メーカーから業態転換した石油メーカーは何社あると思いますか？**

再編前が12～13社ですから、普通に考えれば、半分程度はあると思いますよね。

**答えは、0社です。1社もありません。**

なぜ、そうなったのか？

これが成功体験の恐ろしさです。あまりにも成功し過ぎたため、もうそれ以上は通用しない、変わらないと生き残れないと、頭では分かっていても、イノベーションできなくなるということです。

潰れるのが分かっていて、手をこまねいていたのではありません。

石炭メーカーが何をやったのかと言うと、自分達の業界を守ること、保護してもらうことに力を注いだんです。豊富な資金や政界、官界との人脈を使って、手厚い業界の保護を求めました。

その結果が、炭鉱汚職というスキャンダルを引き起こし、業界自体の消滅という最悪のシナリオになってしまいました。石炭産業は世界からなくなったのではありません。高コストで戦えなくなった日本からはなくなったのです。

成功が慢心を生み、同時に、保身につながったわけです。

壺に手を突っ込んで身動きが取れず、つかまってしまう愚かなサルと同じかも知れません。成功体験という握っていたものを離し、捨てれば、いくらでも変わることは可能だったはずです。

人、モノ、金、情報という石炭メーカーが持っていた素晴らしい経営資源をイノベーションのために使っていたら、石油メーカーへの業態転換ゼロという、まさに、あり得ない事態は避けることができたはずです。

### 成功に伴う慢心や油断、さらには間違った保身が変われない自分、変われない会社をつくります。

成功しているときほど変えないといけないのです。

あなたの会社はどうでしょうか？

同じようなことが起こらないとは限りません。

だから、変わらないといけないんです。だから、「大変」なんです。

## 反省なくして、発展なし

「変わる」とは言葉を変えれば、限界突破するということ、そのものです。

変わるため、つまり、限界突破するためにすごく大切なことがあります。反省です。四正道の愛・知・反省・発展の順の通り、「反省なくして、発展なし」です。

反省とは、自分のこれまでの思い、言葉、行動を、事実に基づき、客観的に振り返って、成功からも失敗からも次のプラスを生み出すための教訓をつかむことです。

つまり、発展、限界突破の大前提、それが反省です。反省からつかんだ教訓を生かすことで、現在の限界を突破する。発展につながるということです。

「でも、どうやって反省すればいいんだよ」という声にお応えして、反省のポイントを説明します。

反省のポイントは4点です。

1点目は「積極的な反省」ということです。これは少し意外かもしれません。一般的なイメージとして、反省とはややマイナスのイメージ、暗いイメージを思い浮かべるのではないでしょうか?

自分が失敗したことやミスしたこと、できなかったことをごめんなさいと、謝ること、懺悔《ざんげ》することというイメージが強いはずです。

「もう、あんなことはしません。神様、許して下さい」。もちろん、これも大切です。この手の反省は、マイナスの状態をプラスマイナスゼロの地点にまで戻すのが目的です。

もっと大切なことは、**反省を通じて、プラスを生み出すことです**。

今後の発展のためのプラスを生み出す、積極的な反省が必要です。反省を暗いイメージでとらえるのではなく、反省こそがプラスを生み出す力になるんだということを知ってほしいんです。これが1点目です。

## すべてを自分の責任として受け止める

2点目は、反省をするときの取り組み姿勢です。どんな考え方で反省に取り組むかということです。

それが「自己責任の原則」です。自己責任の原則というのは、自分がかかわること、自分の周りで起きたことは、すべて自分に責任があるんだと、1度、受け止めるということです。

なぜなら、今、あなたが置かれた状況、直面している現状というのは、すべて、過去、あなたが自分自身で選択してきたことの積み重ね、その結果だからです。

自分が選択してきたこと、行ってきたことを積み重ねた結果が、今であるのです。その過程で、自分の選択ではない、自分の責任ではないと言いたいこともあるでしょう。でも、最終的に選択したのはあなた自身です。

自己責任の原則とは、言葉を変えると、**他人や環境のせいにしない**ということです。

他人や環境のせいにせず、自分の責任だと受け止めて反省する。だから、考えることができるようになるのです。

たとえば、事例で紹介した雨の日に洗車を売るというガソリンスタンドがあります。これもやはり自己責任の原則が根底にないと、出てこないアイデアです。

雨が降ったとします。雨が降ったこと自体は、自分の責任じゃありません。そりゃそうです。そんなものまで、自分の責任にされたら、たまりません。

**でも、雨が降った中で何をするか？　そこから先は自分の責任です。**雨が降りしきる中、「この雨じゃ、お客様は来ないなあ。どうしようもないな」と、ガックリきてあきらめてしまうこともあるでしょう。まあ、普通はそうですよ。

でも、その中で、自分はどうするのか？ということをしっかり受け止め、考え、行動する。雨を降らなくさせることはできなくても、これは自分の責任でできることですよね。

「雨の中で、どうすれば売上げを伸ばすことができるんだ？　雨の日に、洗車を買って頂くにはどんな手を打てばいいのか？」。それを考えるのは、自分の責任です。

有名な経営コンサルタントで、私も尊敬している一倉定さんという先生がおられます。すでに亡くなられましたが、一倉先生は生前、経営者向けのセミナーで、よくこんなことを言っていました。「すべて社長の責任だ。ポストが赤いのも社長の責任だ」

ポストを赤く塗れと言ったのは、社長の責任でもなければ、皆さんの責任でもありません。でも、社長たるもの、そのくらいの気持ちで、すべてを受け止めよということです。

自己責任の原則があるがゆえに、自助努力が始まります。

これがすごく大切ですね。自分の責任だと自覚するからこそ、「よし」と現実を受け止め、その責任の自覚のもと、「じゃあ、どうするか」と考えます。ここから努力が始まります。その努力が、今までなかった発想を生み出したり、インスピレーションを引っ張ってきます。それが行動につながるのです。だから、自己責任の原則が大切なのです。

## なぜを5回繰り返し、真の原因を発見する

3点目は、「原因結果の連鎖を見抜く」ことです。

自己責任の原則で、しっかりと事実に基づいて、客観的に見ていくのが反省の大事な点ですが、その際に、原因、結果のつながりを、順を追って確認することが大切です。

**すべての結果には原因があります。**どんな結果が現われようとも、その結果を生んだ原因があります。その原因と結果のつながりを細かく奥深く見ていきます。

原因と結果のつながり、連鎖を見抜くと言っても、なかなか難しいものがあります。難しさの1つは、安易に考えて終わってしまう傾向があるからです。

たとえば、あることが起きました。その原因は何ですかと問われると、ぱっと思いついた程度の原因追求だけで終わってしまう。本当はその奥にもっと深い原因があり、さらにはその原因を生み出した奥の奥の原因がある。そのまた奥にも原因がある。これを何度も

何度も繰り返していくと、真の原因にぶつかるんですね。

「なぜ」を繰り返すことです。トヨタなんかは、よくやっていますよね。**「なぜ」を5回繰り返せ**と言います。

「業績が上がりません」「なぜですか?」「客数が減りました」「そうか。じゃ、集客の手を打たんとイカンなあ」「どんな手がありますか?」「値引きか、プレゼントでもするか?」「そうですねえ……」

こんな会話が日常、あふれています。集客の手を打つのは大切です。

なぜ、客数が減ったのかを考えることが先です。いつから減ったのか、どんな原因で減ったのか、品質に問題があるのか、接客対応がまずかったのか、セールス方法が古くなってしまったのか、競合が出てきたのか、そもそもお客様の好み、ライフスタイルが変わったのか……などなど、細かく見ていくのは当たり前ですよね。原因結果の連鎖を見抜くとは、こういうことです。

4点目は「教訓活用」です。

自己責任の原則で、事実に基づき、客観的に、原因結果の連鎖を見抜く。そうすると、次につながる教訓が見えてきます。教訓は、失敗からつかむだけではなく、成功したことからもつかむことが大切です。成功からも失敗からも教訓をつかみ、さらなる発展、限界突破につなげる。これを**「常勝思考」**と言います。

## 教訓とは応用力、次に生かす力

ところで、「教訓とは何のことですか?」

いきなり問われても、言葉で説明するのは、非常に難しいですね。みんな口では、「教訓が大切だ」と言いますが、じゃあ、「教訓って何のことか説明してほしい!」と言われたら、なかなか答えられない。

説明の仕方は多々あると思いますが、あえて言うとすると、教訓とは「応用力・活用力」のことです。次に、生かせる力のことです。

応用力・活用力というのは、何か問題が起きたときに答えをほしがるのではなく、**答えの導き方、答えの出し方を身につけることです**。水がない地域で、井戸をほしがるのではなく、井戸の掘り方を学ぶということ。掘り方を身につければ、あとは何度でも井戸を掘ることができます。これが単に答えを求めるのと、応用力・活用力である教訓を得ることの違いです。

「1+1は、いくらですか?」

そんなもの、2に決まっています。「何で、そんな幼稚園児でも分かることを聞くんだ!」

と思うでしょうが、ちょっと付き合ってください。

なぜ、1＋1＝2が分かるのかと言うと、解き方、つまり、式を知っているからです。ただ単に「2」という答えを知っているのではなく、A＋B＝Cという公式を知っているということです。だから、1＋1＝2だけでなく、2＋3＝5、3＋4＝7と答えが出せるのです。公式が応用力・活用力になります。

本当に大切なものは、応用力・活用力である公式、解き方ですが、みんなが求めるのは答えです。「2」という答えだけがほしい。そうすると、応用力がないので、2＋3＝、3＋4＝もやっぱり「2」と答えてしまったりします。

実際、まだ、足し算を勉強していない子供に1＋1＝2とだけ教えて、2＋3＝、3＋4＝を聞いてみると、同じようなことが起きるはずです。

条件が変わっても生かせる力、それが教訓です。

## エレベーターの教訓

じゃあここから、教訓のケーススタディをしてみましょう。

まずは、「エレベーターの教訓」です。私がコンサルティングを始めた当初、いろいろと教えていただいていた師匠、いわゆるメンター（信頼のできる助言者）の太田和範先生から教えて頂いた話です。

もう何十年も前のことです。あるビルのオーナーが、テナントからのクレームで困っていました。**「エレベーターが遅い！　何とかならないか」。**

古いビルです。昔のアメリカ映画に出てくるような、手動の格子戸を自分であけて乗り込むエレベーターがついていました。ある時期を境に、テナントからのクレームが急増するようになりました。隣りに新しいビルが建ったのが原因です。

新しいビルのエレベーターは、古いビルのエレベーターと比べると、かなり早い。スピードに対する感覚は、相対的な面が強いため、古いビルのエレベーターしか利用していない場合は、比較のしようがないので、クレームは出ません。ところが、隣りの早いエレベーターに乗ると、それと比べて遅いと感じる。

エレベーターに乗ってしまえば、わずかな時間で目的階まで行きます。問題は、エレベーターに乗るまでの待ち時間です。これが相対的に長く感じられるようになり、イライラして、クレームになったわけです。

ビルのオーナーは何とかしようと考え、建設会社に相談します。エレベーターの改装をしたい……と。

しかし、ビルの構造上、エレベーターだけを改装することはできないとの答えが返ってきました。残る選択肢は、ビルの建て替えしかない。でも、建て替え資金などありません。エレベーターのクレーム処理のために、そんな莫大なコストはかけられない。そのままにしておくと、テナントが流出する恐れがあり、ビル経営が成り立たなくなる。ジレンマに陥り、悩みます。エレベーターのジレンマです。

あなたなら、どうしますか？

悩み抜いたビルのオーナーは、ある心理学者に相談します。エレベーターのジレンマをどう解決すればいいのか？

すると、心理学者は1つの解決策を示しました。その解決策を実行したところ、見事、クレームが解消されました。

さて、「どんな方法だったのでしょうか？」。あなたも考えてみてください。

## お金をかけず、誰もができる解決策とは

解決策を考えるにあたって、条件が2つあります。

1つ目は、ほとんどコストがかからないこと。自分のポケットマネー程度でできるということです。何十万円、何百万円もいりません。2つ目は、専門的技術や特別なスキルは

いらない。要は、素人でもできる、誰もができるということ。

コストかけずに、誰もが簡単にできるのが条件です。

セミナーや研修で、みんなで解決策を考えると、いろんな答えが出てきます。たとえば、古いエレベーターですから、階数表示をつける。今では当たり前ですが、これはコストもかかり、専門性も必要。２つの条件をクリアできませんね。モニターをつけるという案もありますが、これもお金がかかりますし、素人では施工できません。美人のエレベーターガールを置けという声もあります。個人的には賛成ですが、人件費がかかり過ぎます。あとは雑誌を置く、新聞を置く。これはいい方法ですね。

いろいろ出ました。もったいぶらずに答えを言います。

正解は、なんと**「鏡を置く」**ということです。

エレベーターの横に、大きな鏡を置きます。するとどうなるか？　エレベーターの待ち時間は、わずか数10秒から1～2分くらいのものです。そのとき、鏡があれば、普通はどうします？　私なんかは、ネクタイが歪んでないかと、身だしなみを確認したり、「今日も男前やなあ」と自分の顔を見たりします。女性の場合は特に、しっかりと鏡の中の自分を見ますよね。そうこうしているうちにエレベーターが降りてきて、ドアが開けば、問題なしということです。

正解を聞けば、「なるほど！」と思ったり、「な～んだ、そんなことか」と思うようなことですが、大切なことは教訓をつかむことです。

エレベーターのジレンマから教訓を得ることなく、答えだけインプットしたとすれば、「待ち時間の解消には、とにかく、鏡を出せ」という、マヌケな話になりかねません。まさか、そんなことはないとは思いますが……。

人は同時に、２つのことを考えられません。同時に、２つのことに関心を向けることはできません。

教訓は、**人の関心を他に向けるということです**。待ち時間でイライラしている意識を、他に向けさせればいいんです。であるならば、いろんな面に応用できますよね。

次に、応用編を考えてみましょう。

## ディズニーランドのウエイティング対策

ディズニーランドに行かれたことはありますね。ホント、あそこは何度行っても楽しい、あきさせない。そのための工夫を常にし続けています。

ディズニーランドは、日本一のテーマパークです。いつ行っても満員です。人気のアトラクションは1時間待ち、２時間待ちはざらです。にもかかわらず、みんなが行くのは、もちろん、それ以上の満足、喜びがあるからです。

アトラクションとかサービスなど、総合的に素晴らしいのは当然なのですが、「さすが！ディズニーランド」と感心させられることの1つに、待ち時間をいかに楽しませるかという、ウエイティング対策があります。

ディズニーランドでは、ウエイティングのためのラインをキューラインと言います。そこに並んで待つわけですが、待ち時間までもがショー化されているんです。

たとえば、人気のジャングルクルーズ。私も何度か乗りましたが、あの船長役のトークが吉本以上におもろい！　ほとんどが学生アルバイトなんて、信じられませんよね。

ジャングルクルーズのキューラインで並んでいるとき、他のキャストが私たちゲストに対して簡単なショーをしてくれます。

「こんにちは！」という元気のいいあいさつを繰り返して、関心をひきつけます。たとえば、「クイズをやりましょう！」と言って、「さて、シマウマは、黒地に白でしょうか？白地に黒でしょうか？」「これから質問しますので、手を上げてください」「黒地に白と思う方は？　はい、○○人」「それでは、白地に黒と思う人？　はい、○○人」「そんなことどうでもいいから早く乗せろという方？　はい、○○人」

笑いが起こり、待ち時間のイライラがある程度は解消されます。少しでも楽しんでもらえるよう、一生懸命やります。それが圧倒的な集客、リピート率につながっているわけです。

## あの大投手がホントにすごかったワケ

「江夏豊という投手って、ご存知ですか？」

いやあ、「つかみのための質問トーク」ではありません。そうではなく、教訓の話です。もう何年も前に引退した大投手なので、ご存知のない方もおられるかもしれませんが、昔、阪神タイガースに在籍し、当時、キャッチャーだった田淵選手とバッテリーを組んで、豪速球をバンバン投げ込み、三振をバッタバッタと取る……。見ていて本当に気持ちがいい、本格派ピッチャーでした。

２００６年ＷＢＣで世界一になった王ジャパンの松坂投手とか、速い球を投げる投手はたくさんいますが、彼ら以上にすごいインパクトのある投手でした。

江夏投手は、何年も阪神でプレーした後、退団を余儀なくされました。球威は落ちるし、退団もしなくちゃならない。

移籍した先が、当時は大阪が本拠地だった南海ホークス（現・福岡のソフトバンクホークス）です。

球威が落ち、これまでの豪速球が投げられない。失意の中、江夏投手は、現役選手だった野村監督と出会います。野村監督は、当時プレイングマネジャーをしていました。キャッチャーで、4番というチームの中心選手でありながら、監督も兼任していました。

この出会いが江夏投手の大いなる自己変革につながります。江夏投手はどのように自己を変革したか?

野村監督と出会って江夏投手は、豪速球投手から技巧派投手に変わります。しかも、先発完投型の本格派からストッパーに変わります。

いまでこそ、ストッパー投手の評価は高いですが、ほとんど評価されなかった時代のことです。そして、様々な球種や打者の心理、投球術を学び、スピードボールだけで通用しなくなった自分を変えます。これがすごいんです。

何がすごいのかというと、技巧派投手に生まれ変わったことではなく、成功体験を捨てたことです。

南海ホークスで投球術を学んでから、いくつかの球団を渡り歩き、広島カープに移ります。広島での1979年日本シリーズ第7戦では、9回裏、絶体絶命のピンチのとき、カーブの握りのままウエストボールでスクイズを外し、日本一に貢献、胴上げ投手となります。これが伝説となる「江夏の21球」です。

翌年、日本ハムへ移籍し、日本ハムでも、「優勝請負人」の名のとおり、1981年のリーグ優勝に貢献しました。

普通はなかなか、自分の成功体験を捨てることができません。

なぜなら、その成功体験こそが、自分の存在の証でもあるため、成功体験を捨てることは、すごく不安になります。ある種の自己否定にもつながりかねません。だから、多くの人が過去の成功体験にしがみつき、新たな成長、限界突破ができなくなるんです。

江夏投手は成功体験を捨て、新たなステージに昇りました。

あなたにとって、捨てることができない成功体験って何ですか?

その成功体験は、今までは通用しました。でも、いずれ、通用しなくなります。通用しなくなったとき、それにしがみついていると、次の発展はありません。

**成功体験を捨てること。**これこそが江夏投手から学ぶ教訓ではないでしょうか?

さて、あなたは何を捨てます?

## 3つの壁

変わるためには、超えなければならない3つの壁があります。壁とは限界のことです。

つまり、3つの壁とは、最初にお話しした3つの限界のことです。

「心の壁」
「行動の壁」
「成果の壁」です。

## 1つ目が、「心の壁」「心の限界」です。

心の壁とは、「変われない」と思っているあなたの意識の壁です。

「今まで、この方法、この考え方でやってきたのに、なぜ変わらなければいけないのか？」「変われと言われても、簡単には変われない、ムリだ！」といった変化を拒む意識です。

そりゃ、誰でも、変わらずに済むなら、そのままでいる方が楽でいいですもんね。それでは済まないから、大変なんです。

「心の壁」を超えるための原動力は、10メートル先の100万円でお話ししたように、大きな理想、志、目標です。それが必要です。あなたはどんな理想、志を持って、仕事をしていますか？　具体的な目標、ゴールは何ですか？

これを見つめ直すことで、心がちょっとだけ前に向きます。その分だけ自分の心の壁を超えることができます。少し超えられます。

第4章で、「的」の話をしました。どれだけ腕を磨き、スキルを高め、体調、体力、組織、コンディションを整えても、肝心の的がゆれると、当たらないという話です。「的」が定まっているから、腕を磨くための努力をするんです。コンディションも整えるんです。「的」が定まっていないと、そんなしんどいこと、誰がしますか？

「的」を定めることです。理想、志、目標を決めることです。

ただ単に錦の御旗のように掲げるのではありません。決めるんです。「俺はこうするんだ」「うちの会社はこれを目指すぞ」と決めることです。

そうすれば、これまではムリだと思っていたこと、どうせできないと否定的になっていた思い、マイナス想念、悲観的な意識は変わります。

「よし、やるぞ！」と決意しても、すぐに元の状態に戻ってしまうのが、世の常です。簡単に、流されるカエルになってしまいます。だから、心の「壁」と言うのです。決意を持続させなければ、壁はなかなか超えられません。

超えるためには、「よし、やるぞ！」という思いを書き出し、毎日、毎日、あなたの目で見て、声に出し、確認し続けることです。流されそうになる自分を、自分で鼓舞《こぶ》することです。励ますことです。

## 心の壁を超える、つぶやきの秘密

もう10年以上も前のことです。

第3章で紹介した、環境・健康関連機器O社は、社長が飛び込みセールスから興され、のちに全国に販売ネットを持つ、メーカーとなり、数年前に上場しました。社長は、私が創業前のサラリーマン時代から、いろいろと教えて頂いていた恩人の1人です。

ある日、その社長が当社にひょっこりやってこられました。時計は夜の7時を回っていたでしょうか。たまたま、私1人でいたわけですが、社長は入ってくるなり、いつもの大きな声でこう言われました。

**「砂田君、何をブツブツ言うとるんや!?」**

別に、ブツブツ言っていたわけではありません。

何を言っていたかと言うと、私の机の前に張り出していた目標・計画を見て、「やるぞ！やるぞ！」と、それこそ何回となく、繰り返していたんです。それを社長は、ブツブツとつぶやいているように聞こえたのでしょう。

あの頃は、1日100回はこうしたセルフトークをしていたものです。これも「心の壁」

「心の限界」を超える方法の1つです。

## 日々の行動改革、OJTや実践的訓練で「行動の壁」を超える

### 2つ目の壁が、「行動の壁」「行動の限界」です。

心の壁を乗り超えて、「よしやろう！」という気持ちになったときに必要なのが、武器です。武器がないと戦えません。

武器とは、商品そのものの良さはもちろんのこと、お客様へ説明するための商品知識やセールストーク、ノウハウ、プレゼン能力などのことです。

実践型の研修やロールプレイ、ＯＪＴ、訓練をすることによって行動が変わります。行動できなかった自分が行動するようになります。動かなかった部下が動くようになります。

この面はすごく大切です。「よ〜し！やるぞ！」という気持ちになっても、肝心の武器がない、武器があっても使えないようでは、すぐにモチベーションは下がります。腕を磨く、スキルアップという重要な部分ですが、意外におろそかにしている会社が多いので、驚かされます。

社長や経営幹部は、売れそうな商品・サービスを用意して、営業マンに、カタログ、パンフレット、チラシなどのツールを渡し、簡単に説明して、送り出すだけ。あとは、お客

様と実戦で戦い、鍛えて来い……というようなケースが多々あります。

社長や経営幹部は、これまで自分自身で売ってきて、多くの人はトップセールスとなったはずです。その自信も実績もあるからいいでしょうが、みんながみんな、そうはいきません。やはり、セールストークのロールプレイなど、スキルアップのためのトレーニングが欠かせません。

**3つ目の壁が、「成果の壁」「成果の限界」です。**

成果の壁を破るためには、重点行動の継続展開が欠かせません。

目標を日々の行動レベルにまで、毎日落とし込み、実践し続けることです。そのための効果的なツールが「重点行動シート」です。

さらに、「重点行動シート」に記入した内容に基づきミーティングを開き、報連相《ほうれんそう》、グラフ管理などを行うことは、成果の壁を超えるために、最低限、必要なことです。

## 炭火理論

限界突破のための考え方やツール、ノウハウを紹介してきましたが、最も大切なことは、的が定まっていることであり、その的に向け、進んでいく**トップの情熱です。**

的、ゴール、志があるから、情熱が燃えます。その情熱を共有するために、ビジョンを明確にし、計画、ストーリーを立て、日々、重点行動を展開する。それが限界突破への道です。

ここで、「炭火理論」という話を紹介します。理論というほどのものではないですが、いかにして自分に、みんなに、情熱の火をつけていくか？という話です。

上杉鷹山のエピソードです。上杉鷹山は本やドラマで何度も紹介されているので、知っておられると思います。宮崎の３万石の小藩出身の鷹山は、上杉謙信を源流とする名門の米沢藩に養子で入り、藩主として、改革を成し遂げるわけですが、当時の米沢藩は会社に例えると、**倒産寸前のガタガタの状態でした**。

江戸時代の幕藩体制、幕府と藩の関係は、簡単に言うと、幕府が親会社、本社で、藩が子会社や支店、営業所という関係です。親会社、本社から見て、藩の業績が悪かったら、潰すか統廃合する。米沢藩は財政が悪化し、いつ潰れてもおかしくない、まさにそんな状態だったわけです。

そこに上杉鷹山が養子としてやってきて、弱冠17才のときに藩主になり、若手の幹部と協力して、改革を進めます。

いつの時代も、どこの組織でもそうですが、改革に対しては、強い反発が起きます。特に、変化を嫌うベテラン、先代からの番頭クラスの反対が改革の行く手を阻みます。

そんな状態の中、江戸の藩邸で過ごしていた上杉鷹山が初めて、米沢入りすることになりました。そして、一歩、米沢の地に足を踏み入れた途端、こう思ったといいます。

## 「すべてが死んでいる」

何が死んでいるかというと、土地が死んでいる。家が死んでいる。建物が死んでいる。山、川、空気が死んでいる。何よりも、人の目が死んでいる。心が死んでいる。

すべてが死んだような、どんよりとした生気のないところに来て、「本当に改革などできるのだろうか?」と愕然とします。

そのときに、たまたま目の前にタバコ盆がありました。

灰しか残っていないタバコ盆をみて、「米沢というところは、燃え尽きた灰のようなところだ。灰にいくら種をまいたところで、何も育つはずがない。どうしたらいいのか?どうしようもないのではないか?」

あまりにも厳しい現実を目の当たりにして、絶望してしまいます。

タバコ盆を見ていると、中にひとつだけ火種が残った小さな炭がありました。その火種を見ながら、新しい炭を1つ持ってきて、横に置きます。そして、息を吹きかけます。し

限界突破シリーズ　炭火理論

# 炭火理論＝情熱は伝染する

**まず、自分の心に火をつけ、**
**その火・情熱を１人ずつに広げる**

## ①誰もが心の中に火種を持っている

一見、やる気のない人、マイナス思考の人でも、

心の奥には、情熱の火種がある。

## ②自分の心に火をつける

火をつけるかどうかは、自分の選択の問題。

他人や環境のせいにせず、自己責任で、火をつける。

## ③人の心に火をつける

自分の心の火、情熱を、人の心にも広げる、伝える。

## ④強い持続する念いが実現する

継続は力なり。１人１人に火がつくまであきらめない。

ばらくすると消えかけた火種が火の勢いを増すとともに、新しい炭に火が移り、新しい火種となって、燃え始めました。

上杉鷹山は「これだ！」と思います。

## まずは自分の心に火をつける

「米沢の地は、燃え尽きた灰のようになっている。みんなの心にあるはずの炭が完全に燃え尽きたかのように見える。一見すると、やる気のない、湿った、ぬれた炭になっているかもしれない。でも、自分自身がまず、火種になって、一生懸命一人ひとり、ていねいに火をつけていけば、必ず燃え広がっていくだろう」

こう思い、協力的な若い幹部に情熱を持って語りました。

「まず、みんながそれぞれの心に火をつけてほしい。そして、自分の持ち場に帰って、その火を一人ひとりつけていってほしい」

**ここからです。改革の火の手が上がったのは。**

もちろん、その後も簡単に改革が進んだのではありません。紆余曲折《うよきょくせつ》が多々ありました。その経緯については、参考になる本がたくさんありますので、そちらを読まれることをお勧めします。

上杉鷹山がやったことは、情熱の火をまず燃やす、それを一人ひとりにつけていくことでした。しかも、粘り強く。

あなたは、どれくらいの情熱を持って仕事をしていますか?

## 情熱は伝染します。

炭火のように、強く持続する念いが伝染します。それが「炭火理論」です。

まずは、誰もが心の中に火種を持っている、炭があるということです。これをまず、信じられますか? 一見やる気のない人、マイナス思考の人は、たくさんいます。火なんかつくはずがない、と思うような人もいます。何度火をつけても、なかなかつかない人もいます。それでも、心の奥に情熱の火種、炭があるのを信じられますか? それが大前提です。

## 次に、自分の心に火をつけることです。

火をつけるかどうか? それはあなたの自由です。火をつけるのも自由、火をつけないのも自由。その選択は、あなたにかかっています。その際、自分の心に火がつかない理由を、他人のせい、環境のせいにしないこと。

自分の心に火をつけたら、その火を今度はていねいに一人ひとりに広げていくことです。

情熱を持って、夢や理想を語り、具体的な計画を示し、それを実践レベルに落とし込み、フォローするためのミーティング、目標管理などを日々、マメに行うことです。

**最後は、持続する強い念いが実現するということです。**

念いは実現するとよく言います。

でも条件があるんですね。強い念いがあるかどうか? 本当に持続するかどうか? です。

一時的に念いが強くなることはあります。火が燃えることもあります。これを本当に持続させることができるかどうか? それがカギです。

## 情熱温度は1000度!

情熱には温度があります。30度とか40度ではダメなんです。100度でもダメです。

情熱温度は1000度でないとダメなんです。

なぜ、1000度か?

1000度もあるとすべてが溶けます。溶けるとどうなるか。融合します。融合して、初めて情熱、念いが一つになります。ベクトルが揃います。そのとき、あなたとあなたのチームの的が定まり、同じ目標、ゴールに向って歩んでいけるのです。

# 第6章
# 仕事も人生も本当に変わりました！

限界突破事例

## 事例4　ガソリンスタンドで粗利益2倍！

### 奇跡のV字アップをやり遂げた店長カワさんと仲間たち

### 本当は「WIN‐WIN」であるのに……

最後に、「四正道・WIN‐WIN」の考え方をベースに、創意工夫し、若いスタッフの心に情熱の火をつけ、奇跡のV字アップを実現した限界突破事例をドキュメントします。

これは、「まえがき」などでも紹介した、神戸のガソリンスタンド北店（仮称）での事例です。

ガソリンスタンドと言えば、当然、ガソリンを売るわけですが、ガソリンは価格競争が激しく、なかなか利益がでません。そこでオイルや洗車、タイヤなど、車をメンテナンス・ケアするための商品、つまりカーケア商品の粗利アップに力を入れています。

このカーケア商品もなかなか売れません。なぜなら、お客様との関係が「WIN‐WIN」

になっていないからです。

車を運転される方なら、何度も経験があるでしょうが、ガソリンスタンドでオイルやタイヤの交換などを勧められても、ほとんど断りますよね。

## なぜ、断わるのでしょうか？

値段が高そう、技術的にも不安がある、時間がない……といったところが最も一般的な断わる理由です。要するに、ガソリンスタンドだけが「WIN」で、お客様であるあなたは「LOSE」という関係だからです。

実際に価格調査をしてみると、ガソリンスタンドのカーケア商品は、カー用品店など他の販売チャネルに比べて、決して高くはありません。オイルもタイヤも車検も十分、安いのが実態です。

しかも、技術力に関しては、多くのガソリンスタンドに整備士が常駐し、メンテナンス機器も揃っています。もちろん、例外もありますが。

時間もあまりかかりません。こう言っては何ですが、たいていの場合、ガソリンスタンドのカーケア部門はヒマにしています。だから、そんなに時間がかかることはありません。

本当は、ガソリンスタンドとお客様の関係は「WIN-WIN」になっているはずです。ですから、やり方さえ間違わなければ、カーケア商品の限界突破は可能なのです。

**それを見事にやってのけたのが、若いアルバイトを中心とする北店です。**

前年までどん底の状態に落ち込んでいた北店がどのようにして、奇跡のV字アップを果たしたのか？

かき入れ時である12月商戦を軸に、そのプロセスとスタッフのモチベーションアップ、行動を、店長カワさんをはじめとする現場の生の声を中心に、再現します。

## 「12月初日、カーケア粗利105万円やりました！」

### 「12月初日、105万円やりました！」

神戸のガソリンスタンド北店の12月1日のカーケア粗利速報を聞いたとき、私は一瞬耳を疑いました。

「エ〜ッ！　ホンマかいな！」

思わず、声を上げると同時に、スタートダッシュの初日、最後の最後まであきらめずに、がんばったスタッフの汗と努力と大きな成果に、喜びが込み上げてきました。

普段はクールな店長カワさんは、「いや〜、たいしたことないですよ」と言いながらも、「みんな、遅くまで頑張ってくれましたんで、何とか初日のカーケア粗利が100万円を超え、105万円まで行くことができました」と、うれしそうな様子で語ってくれました。
普段のカーケア粗利が1日10〜20万円ですから、わずか1日で100万円を突破するということがどれほどすごいことか、お分かりいただけると思います。

ここからです。カーケア粗利の前年実績680万円、会社目標700万円の北店の1102万円への限界突破が始まったのは！

途中、店長が急遽、3日間、休まなければならない状態になったり、様々なことがあったにもかかわらず、日割目標を落としたのは、たった1日だけ。
ラスト3日間は、29日が雨、31日は大雪という、客商売にとっては最悪の天候という悪条件をはねのけ、見事、限界突破をやり遂げました。

## しかも、生産性は270％！

ここで言う生産性とは、どれだけの人件費をつかって、いくらカーケア粗利を上げたかというものですが、これも通常は100％あれば、合格です。つまり、人件費を200万円使ったら、カーケア粗利は200万円上げればよいというのが一般的なモノサシです。

12月でも1・5倍〜2倍も上げれば、万々歳と言ったところです。それが、なんと3倍近い実績です。いつもの3倍、頑張ったということです。だから、すごいんです。

実は、北店の実績は、その前年まで、どん底の状態に落ち込んでいました。

神戸市郊外の住宅地に立地する北店は、スタッフが給油をするフルサービス型の大型スタンドですが、周辺にセルフサービスの競合店が相次ぎオープンし、ガソリンのディスカウント攻勢に巻き込まれる一方、人員削減や主力スタッフの流出など、それまでの華やかな実績は完全に過去の栄光になっていました。

そんな北店の立て直しは春から始まりました。

2月から当社も協力を開始し、春のタイヤキャンペーンの反省やスタッフ教育、「重点行動シート」の実践などを行う一方、中規模店の店長だったカワさんが5月初旬に着任。カワさん効果も大きく、6月以降、ようやく会社目標を達成できるようになりました。

**そして、その後の奇跡の快進撃です。**

その北店が、なぜ、前年の2倍近い実績を上げることができたのか。

まずは、店長カワさんと、NO2のサブマネ浜ちゃんのコメントを読んでください。

これは、ある年の1月21日大阪で開催した当社アディナス主催「グランドミーティング」

で、北店の成功事例として、店長とサブマネが発表した内容です。「グランドミーティング」は、12月限界突破の成果を共有し、ともに学び合う場として、毎年、当社アディナスが開催しているイベントで、このときはクライアントの店長・幹部が約40人参加しました。

その熱き念いとモレのない行動を感じ取ってください。

**店長カワさんの発表抜粋）12月限界突破に向けた店づくり**

兵庫県神戸市　北店　店長カワさん

**ターゲットは、全国トップクラスの12月1０００万円！**

**店長は、スタッフは、何を考え、どう動いたか⁉**

北店は、神戸市郊外にあります。僕自身は以前、中規模店で店長をやっていました。5月ゴールデンウィーク明けに転勤になりまして、いきなり販売実績が3倍近い大型店だったので、お客様の多さとスタッフの数の多さに戸惑いました。

最初のキャンペーンがタイヤだったんですが、３ヵ月で４８０本に終わり、目標を大きく下回ってしまいました。

その原因がなんだったのかと考えて、やっぱり指示伝達がうまくいかないことかなあ……と。スタッフ全員の隅々まで指示が落ちにくいということで、夏にかけて、車検とタイヤと洗車に分けて、それを得意と思われるスタッフを班長として取り組ませました。

「重点行動シート」も毎日書かせていましたが、書いている内容が、日々一緒なんですね。それができているかといったら結局できていないので、**途中からテーマを与えて書かすようにしました。**

たとえば、タイヤを販売するには、それについて見積を書くなど、行動が次々出てくるように期待して、書かすようにしましたが、半年たってもうまく書けていませんでした。

そこで、今度は、1ヵ月の行動を書かすようにしました。そうすると、多い人で、5~6枚書いてきてました。**実際、班長は5~6枚書いてきましたね。**班としての行動を、来月取り組むんでしたら今月16日までに提出してもらうようにしました。

内容として、チラシを作るとか、パウチ(ラミネート加工)を作るとか、いいことは色々書いてあるんですが、それに対して僕が「これをいつまでにするのか？」「内容を3日後に頂戴」という形でフォローしました。その月には、翌月分の準備はすべて終わっている状態にしました。

最終的にターゲットをしぼっていたのが12月のカーケア粗利1000万円の達成なので、それまでに人も含めた店づくりが間に合うのかどうか？　準備を整えていきました。

そして、12月を迎えたわけです。

サブマネも、12月は「初日100万円ができれば、1000万円はできるんじゃないか？」ということで、スタートダッシュをかけました。

初日は洗車券の事前予約からかかっていましたので、それがすべて機能し、105万円でスタートできたので、「これはひょっとしたらいけるぞ！」と思いました。

まあ会社目標は、700万円だったんですが、700万円は、12月20日前後に終わらせようと考えていました。それを終わらせるためには何が必要かが明確になってきて、班の行動も色々やってもらいました。

タイヤも春は480本で終わっていたところが、冬の10～12月キャンペーンでは1089本を販売することができました。タイヤ班が作業面、チラシの書き方、見積の仕方、トークの仕方をスタッフに落とし込むことができて、全員販売ができ、1000本超えができました。

「1000万円、1000本はやろう!」と、サブマネとは10月ぐらいから話し合ってきました。12月の日割粗利は、最低でも1日当たり19万円。

あとは、平均的に落とすことなく来れたのがよかったと思います。

途中、僕も私用で休まないといけないことがありましたが、落とすことなく3日間をクリアして頂いて、予定通り21日で、会社目標の700万円を達成しました。

そこから1000万円に向けての割り算は簡単にできていましたから、28日ぐらいには1000万円超えになり、あと残り2日はおまけということで、アデイナスさんの教え通りできたなと思います。

最初に少し触れましたが、タイヤも「なぜ前回480本に終わったのか?」ということから反省しました。その1つが作業のできるスタッフが少なかったということです。

しかも、タイヤを売ろうとする意識もない。自分が売ろうとするタイヤの知識もない。パンフレットを読めということですが、タイヤアドバイザーの資格を取らせることから始めました。

タイヤの班長は、アルバイトですが、ディスプレーが月半ばになると、単なる景色になってしまうので、「ディスプレーの変更をかけるように」と指示したら、夜中の3時まで、アルバイトだけでやっていました。

アルバイトのタイヤ班長に、「みんなが最後までついてきてくれて、タイヤ班の班長にならせてもらってよかったです」と言ってもらったのが印象に残っています。

タイヤは通常でも月に150本くらい、年間では2000本を超えますが、それくらい意識が強くなって、自分らの得意分野を作れたと思います。

(※ちなみに、スタンド業界では、タイヤは年間1000本でかなり優秀なレベルです)

12月はタイヤ447本、アルミホイルも入れればもっとあると思いますが、10～12月トータルで1089本になりました。

## グランドミーティングでの質疑応答

**質問**
**アルバイトのモチベーションを上げるためにどういったことをされていますか？**

**回答**（店長カワさんの答え）

僕自身は常に見てるだけです。結果を出したときは寄っていくようにしています。**見てもらっているということ自体がモチベーションを上げていくことになると思います。**

自分達で考えて、いいと思って提案し、いざ実行して、成功すれば、おもしろいと思います。

今の彼らは指示されて動いている状態じゃありません。自分達で考えて、企画し、チラシを作って、成果が出る。そうすると、モチベーションが上がってくると思います。

## 質　問
## 店長が出社してすることは、どんなことですか？

**回　答**（店長カワさんの答え）

前日の数字の確認は、一通りしますね。もし、前日、自分が休みだったとしたら、サブマネージャーが実績を振り返りながら、「原因は、これこれだと思います。次にこうします」と話してくれます。

**とにかく先の話をしています。**

1月でしたら、2月のキャンペーンの話をしている状態です。

12月は洗車券をたくさん売ったんで、これを消化していくための企画をやっています。お勧めのパウチやチラシなど。今は、作業時間の問題ですね。ちょっと時間がかかりすぎるので、月末には、スピードアップできるように体制を作り上げることです。

サブマネージャーとは、常に1ヵ月前から翌月の話をしています。

僕自身がNO2に任すようにして、彼がどうしても考えられないものに対してだけ、言うようにしています。

ここまで、サブマネが育ってくれたら言うことなし！です。

では、ここでサブマネ浜ちゃんの声を聞いてください。
彼はナント弱冠24歳！　ホント、立派なコメントで、感心させられます。
（サブマネ浜ちゃんは、グランドミーティングには出席できなかったため、コメント文を書いてもらい、それを発表しました）

## サブマネ浜ちゃんの発表　店長の代わりはオレがする!!

兵庫県神戸市　北店　サブマネージャー浜ちゃん

**自分なりにＮＯ２の仕事と思うことは、「店長の代わりをいかにできるか？」**

夏から始めた班分けがうまく機能し始めたのが大きかったです。洗車、タイヤ、車検に各スタッフを振り分け、班長を決めて始めました。僕は各班に指示などを出す役割をしました。

開始時は、班長に意識、行動力などを高めてもらうために話し合い、取り組み方など一緒に意見を出し合い、考えることをしました。

実際に、まずスタッフ同士が一つの課題を一緒に考え、意見を出し合うことがとても大切です。

上司に指示されたことは当たり前のことと思い、即実行する。次は全スタッフに落とし込む、させる。この流れを作るようにしました。

初めは班長に理解してもらうのに少し時間がかかりました。また企画なども考えなくてはならないので、みんな戸惑ってしまいました。

ある程度の流れができてきてスムーズにいくようになり、あとは新しいことなどを考え、準備をするという段取りが分かってきて、今ではある程度の形になりました。

店長から指示されたことを自分なりにも考えられる力がつき、僕と班長、さらに班分けしたスタッフみんなの意識、個々のレベルが上がり、12月はうまく機能したと思います。

自分なりにNO2の仕事と思うことは、**「店長の代わりをいかにできるか？」**。

店長不在時などは自分が見ないといけないので、常にそれを心掛けるようにする。あとは店頭に長い時間いることを心掛け、スタッフの動き、指示、チェック、フォローなどを常にする。アルバイトと仕事の話をし、お互いを理解し合う。

理解してもらうだけじゃスタッフも自分についてきてくれないので、一番働き、行動でもみんなに見せる。

**あとは店長不在時でも数字を残す。**

12月は店長不在時もある程度の数字を残せたことが大きかったです。店長がいない時はどうしてもスタッフのモチベーションが下がります。僕自身、それがすごい嫌いです。

以前は不在時に数字が残せなかったことが多かったため、少しでもなくそうと、スタッフに対して、途中経過や日頃から心掛けてることなど、モチベーションが下がらないように色々工夫しています。

スタッフが多い店などは特にＮＯ２の存在などが大きいし、店に与える影響力があることを学びました。

12月の結果は僕達も本当によくやれたと思います。

今までは１０００万円という数字なんかは夢の数字で、いけたらすごいなといった感覚でした。夏以降はその考え方も少しずつ変わってきて、11月には夢から目標へと自分の中で変わりました。それは自分にとってすごく大きかったです。

**いけたらいいなと思ったままでしたら、決していくことはできなかったと思います。**

気持ちの変化、取り組むことへの事前準備や話し合い、そして始まってからの実行力、行動力。班長達とは、ともにしんどい思いをして結果へとつなげる。

その時の達成感はなんとも言えません。行動するまでの過程がいかにできるか？

そうすれば結果は自然とついてきます。


今回達成したことで学んだことは、目標を作ることの大切さと、目標に対しての取り組み、行動力の大切さです。今後も忘れずに意識をしていきたいと思っています。

最後になりますが、「継続は力なり」という言葉があります。

今までピンとこない言葉でしたが、すごい重みのある言葉だと実感しました。みんなの継続したモチベーションが力となり、結果につながりました。

それでもまだまだ改善する所はたくさんありますし、自分もまだまだなので、今に満足することなく、いきたいと思います。

「楽して本当の喜びなし」。この言葉を本当に実感できるまで走り続けたいです。

文章では言いたいことも伝えられませんが、これで終わりとさせていただきます。


どうです!?　サブマネ浜ちゃんのコメント。

繰り返しますが、まだ24歳ですよ。こんなサブマネがいたら、言うことなしじゃないですか！　店長なら、誰もが「ほしい！」と、ノドから手が出るような存在ですよね。

じゃあ、北店がなぜ、こんなスゴイ店になったのか、こんなスゴイサブマネが育ったのか、さらには、率先して行動し、リーダーシップを発揮できるアルバイトが出てきたのか。

その限界突破の過程を見てみましょう。

## 「ここまで落ちるか!?」どん底まで落ち込んだ実績

もう6年も7年も前の話になりますが、実はこの北店、カーケア粗利1000万円の壁を破ったことがあるんです。

そのときのことは、あとで触れますが、6～7年前ピーク時に店長だったコメちゃんはブロック長になり、その後、事情があって退職しました。当時のNO2クラスが2人、他店の店長として、巣立っていきました。

やっぱり、主力が3人も抜けるのは痛い！ですよね。さらに、周辺にセルフのガソリンスタンドがドンドンでき、業績は悪化。人件費の削減も余儀なくされました。実際、ピーク時と比べ、人件費、労働時間はおよそ40％もカットされました。

これで、実績を維持しろ……というのはムチャな話です。そんな状態が2年ほど続きました。

秋のある日、社長から当社に電話がかかってきました。

「何とか会社を立て直さないと、このままでは大変なことになる。そのために協力をしてほしい」

そこで、店に行きました。このときのことは、すでに事例紹介2で触れましたが、マジで、驚きました。

**「ここまで落ちるか!?」これが正直な感想でした。**

全国でもトップクラスの実績を上げ、輝いていた北店。会社としても全国NO1レベルの成果を上げていた優秀企業が、ガクンと落ち込んでいたわけですから、驚かない方がおかしいくらいです。

とは言っても、実績をみると、全国的な平均レベル、並みの水準は維持していました。過去の栄光がすごかっただけに、その落差に、言葉を失ったというのが正直なところです。

立て直しは2月から始まりました。毎月、店長会、NO2会などの研修や巡回、フォロー、マーケティング活動を行い、心の限界突破、行動の限界突破を図ってきました。

4月からは「重点行動シート」を導入しました。スタッフ全員が毎日、その日の3つの目標、達成イメージ、決意、行動項目などを記入し、日々のすべきことを自分で決め、明確にし、行動を変えていきました。

## 「重点行動シート」で、意識と行動が変わった！

『重点行動シート』は、毎日書くものなので、最初は、なかなか定着しませんでした。やはり、書くのは面倒です。

それでも、**すべての店舗の社員とアルバイト全員が、毎日、記入**し続けているうちに、社員の的、つまり、目標が定まり、やる気と行動が変わってきました。みんなが自分のすべきことを明確に意識し、実行することで、実績が上向き始めました。

これが徐々に浸透し、6月からようやく月間の会社目標を達成するようになりました。その後、目標を落とした月は1回だけです。

特に、よかったのは、大きく崩れることがなくなった点です。

それまでなら、いわゆるコケる日が何日もあり、たまには大ゴケする日があったんですが、それがほとんどなくなりました。こんな地道な努力が背景にあり、限界突破の道が始まったわけです。

『重点行動シート』の効果もあり、6月から連続で目標を達成し続けたことで、スタッフ全員、自信をつけたと思います。それから、目標は落としてはいけないと、意識して店頭に立っています―（店長カワさん）

## 成功のシナリオは半年前から始まっていた……
## 春のキャンペーン失敗から学んだ教訓

店長カワさんの発表コメントにあったように、春のタイヤキャンペーンの失敗は、大きな教訓になりました。700本の目標に対して、480本しか販売できませんでした。

店長カワさんによると、失敗の原因は、段取りができないまま、キャンペーンに入ったために、意識も行動も、何もかもが中途半端に終わってしまったことにあります。この失敗を教訓にして、店長カワさんとサブマネ浜ちゃんは対策を立てました。

**〈失敗の原因〉**

①準備不足。

②タイヤ見積は大量に発行できたが、スタッフのタイヤの知識が不十分なため、お客様と十分に話ができなかった。
③タイヤ交換の対象車の見落としが多かった。

**〈対　策〉**

①スタッフのタイヤ知識と技術が十分ではないため、タイヤメーカーの1日研修に参加させる。
②タイヤ交換の対象車の見落としが多いため、タイヤ班を作り、タイヤに集中させる。
③お客様にもタイヤの告知を強化するために、これまで以上にタイヤをディスプレイして視覚に訴える。
④タイヤの販売促進策として、1：ホイルとのセット販売、2：原付バイクタイヤへのアタックを強化する。
失敗の原因分析を踏まえて、こうした対策を立て、実行しました。
その結果、次のような成果が出ました。

**〈成　果〉**

①タイヤ研修で、タイヤ知識や技術が身につき、スタッフ全員がしっかり説明できるようになった。
②班長が責任を持って、店頭でスタッフに指示を出したため、対象車を見落とさなくなった。班長制が機能した。
③大きく見やすいタイヤディスプレイが、お客様への訴求力を高めた。タイヤに力を入れている店なんだということが告知できた。

こうした手を打った結果、アルバイトを中心とした若いスタッフに自信がつき、意欲的なアプローチが可能になりました。

春のタイヤキャンペーン失敗という教訓が生かされ、大きな成果を生んだのです。北店12月成功のシナリオは、半年前のこのときから始まっていたと言っても過言ではありません。

## 考える集団ができたあるきっかけ

店長カワさんは、5月連休明けに赴任しました。

彼にとっては、初の大型店で、お客様についてもスタッフについても把握できていないため、できるだけ、サブマネをはじめとするスタッフの力を生かすことにしました。
ここでスタッフの声を紹介します。

**◎もし自分が店長ならと考え、行動（サブマネ浜ちゃんの話）**

店長から、サブマネに「○○したいんだけど、どう思うか？」とか、「これ、任すからやっといて」と言われることが多くなり、最初はみんなが戸惑いました。

前の店長ダイさんは、ガンガン指示を出すタイプで、言われたことだけをやっていました。しかし、今度の店長は、リーダーに投げかけ、任せてくれるタイプです。

最初は慣れるまで時間がかかりましたが、任されて責任を与えてくれることが、うれしいので、「店長の言う自分で考えろとはどういうことなのか？」「もし自分が店長ならどうするか？」と自分なりに考え、判断し、「よし、店長から指示されたことは、確実にやる！」と決意し、ひと工夫を付け加えて行動するようにしました。

それ以降、私も含めて、班長同士が考え始めました。

**◎アルバイトを班長に任命（アルバイトのタイヤ班長Hくんの話）**

私はアルバイトですが、タイヤ班長に任命されました。

店長から「タイヤに関してはおまえに任せるから、自分で考えてやってみなさい」と言われ、責任感が出たし、うれしかったです。

**◎自分達で考え、自分達で作って、成果が出れば、やる気も倍増（サブマネ浜ちゃんの話）**

店長が、スタッフに任せるスタイルを貫いているので、任されたスタッフは、まず、自分で考えます。そして考えたアイデアを実際に実践して、それが数字として現われたため、やる気も倍増しました。これが、好結果を生んだと思います。

**◎私は精神科医（店長カワさんの話）**

前任の店長がガンガン言うタイプだったので、前任店長を外科医とするならば、私は精神科医です。スタッフに任せて、考えさせ、やってもらうようにしました。

でも、簡単に機能したわけではありません。「重点行動シート」の記入やタイヤキャンペーンの教訓を踏まえて、6月から班長制度をスタートしましたが、完全に機能するまでは、やっぱり半年はかかったと思います。班長制度の機能が開花したのが12月です。

## ◎女子アルバイトが「班長にならせてください」

スタッフの意識が高まり、積極的な行動をするようになったのに伴い、これまでほとんど売れなかったアルバイトにも火がつきました。

女子アルバイトが自分達でできることはないかと考え、提案し、行動したケースです。

「洗車班、タイヤ班、車検班の3つの班で、6月という早い時期から取り組んできましたが、11月に、女子アルバイトさんから、燃料添加剤に関して、『私を班長に任命してください』と、提案がありました。こんなことは初めてのことじゃないですか。さっそく、女子アルバイトの2人に燃料添加剤班になってもらい、どうすればいいか、考えてもらいました。

そこで出てきたアイデアがこれまでとはチョット違ったチラシです。

通常は、お客様に先に渡してから説明するチラシですが、燃料添加剤を入れて下さったお客様に、その効果や、必要性、交換期間などの情報を提供するチラシです。早速つくり、活用しました。

みんなが一丸となってカーケア粗利の限界突破に挑戦するという状況の中で、彼女達は彼女達なりに、自分の立場でどうすれば貢献できるかを考え、具体的に提案してくれたんですね。

そのことに対し、任せてもらえたことが本人達にとってもうれしかったらしく、意気に感じて、しっかり成果を出してくれました」（サブマネ浜ちゃんの話）

しかし、この一連のコメント。涙がチョチョ切れません？

意識と行動を高めるステップを踏みながら、いよいよ12月限界突破の幕が開けたのです。

## 事前準備の徹底で見えてきた1000万円

すでに紹介した通り、北店の前年12月実績はカーケア粗利680万円でした。店として、会社として勢いが出てきたとは言え、誰も1000万円を超えるなど、夢にも思っていませんでした。挑戦しようとすら、していなかったのが実情です。

その証拠に、会社目標は700万円でした。11月初めに、店長カワさんと話していたときは、目標700万円に対し、「800万円は行ける」とのことでした。

それが事前準備が着々と進む中、11月中旬の店長会では「1000万円に挑戦します！」

という力強い言葉が出るようになりました。この時点で、完全に意識・心の限界突破はできていたわけです。

意識の限界突破の次は、行動の限界突破です。成果を生み出す行動の限界突破の一環として、今回はこれまで以上に徹底的な事前準備を行いました。

事前準備としては、次のようなことをしました。

### ①ヤマ場の設定

通常月のように、1ヵ月の目標を単純に日割に分割するのではなく、毎週、日曜日ごとにヤマ場をつくり、それに合わせて、達成率、日割額などを決めていく手法です。
ヤマ場⇓1～5（日）：達成率25％＝250万円（自主目標1000万円×25％）、日割50万円
～12（日）：達成率35％＝350万円、日割14・3万円
～19（日）：達成率45％＝450万円、日割14・3万円
～26（日）：達成率70％＝750万円、日割42・8万円
～30（木）：達成率100％＝1000万円、日割62・5万円

31（金）：おまけ

スタートダッシュ5日間の目標が大きいのは、一気に勢いをつけるためです。そこで、5日間で1000万円の25％というかなり高いハードルを設定しました。

初日の100万円挑戦は、ここから弾《はじ》き出しました。

20～26日までの週も大きな目標です。この年の場合、20日からの週は、23日が祝日、25日が一般的な給料日であることや、すでに冬休みが始まり、クリスマスなども重なるなど、販売チャンスがふくらむためです。

そして、30日でやりきること。

なぜなら、年末3日間に勝負をかけていたのでは、間に合わないからです。できる限り、年末勝負を避け、それまでに達成しておこうという考え方です。

さらに、例年、年末3日間のうち、1日は雨か雪にたたられます。実際、この年は、年末3日間のうち、29日と31日の2日間が雨と雪でした。

**②ミーティング**

デッカイ目標を達成するためには、いつも以上に意識と行動を高めねばなりません。普段通りやっていては、達成できるはずがありません。

スタッフのモチベーションは、常に高く維持しておかねばならないし、数字、行動をみんなが認識して、意識を切らさないようにすることが大切です。

ですから、事前準備が大切な11月後半からミーティングはヤマ場に合わせて、何度も行います。

ミーティングスケジュール⇓11月19日、29日、12月7日、14日、21日、27日

### ③カーケア商品別構成

目標が大きくなればなるほど、目標の細分化が必要になります。

目標の細分化に役立つのが「商品別構成」シートです。これは、月間目標を細かく分類し、各商品の粗利単価、目標数量、目標粗利に落とし込んでいくツールです。

### ④重点行動シート

重点行動シートについては、すでに何度も紹介しました。

これを毎日、全員が出勤時に記入します。その日の自分の目標、念い、行動を明確にして、店頭に出ます。だから、意識と行動が変わります。

## 思わずほしくなる、目からウロコの販促ノウハウ

あとは、具体的なカーケア商品販売のためのノウハウです。

「WIN・WIN7ポイント」を使い、お客様にとって、目からウロコの手法やツールを準備し、実践しました。

たとえば、洗車券の販売です。12月は洗車需要期でもあるため、洗車券で、普段洗車をしないお客様に販売し、新規開拓を行います。

洗車券自体の値引きなどは極力せず、しかも、店頭でいきなりお勧めし、販売することです。

**カギは「ほしさ・WANTS」を高めることにあります。**

ガソリンスタンドへ行くと、よく洗車券の販売を目にしますよね。

洗車1万円分を3000円引きとか、1万円で洗車1万3000円分などといったものです。確かに、お得です。

**でも、あなたなら買いますか？**

普段からガソリンスタンドで洗車をしているなら、買うでしょう。

でも、多くの人は、ガソリンスタンドでお金を払ってまで、洗車をしません。たまに自

宅で洗うか、近くのコイン洗車やセルフ洗車に行くのが一般的なドライバーです。

では、どうすれば、普段、ガソリンスタンドで洗車をしないお客様に、1万円前後もする洗車券を買ってもらうことができるのか？　値引きしても、プレミアムをつけても買わない人に……。

ズバリ、洗車券1万円で「ガソリンか軽油●リットルセット！」といった企画ならどうですか？　1万円を払えば、洗車券1万円分に、ガソリンか軽油●リットルがセットになってついてくるという企画です（本当は、さらに工夫を加えていますが……）。

これなら、魅力を感じませんか？　少なくとも3000円値引きや、洗車3000円分のプレミアムがつくより、「ほしさ・WANTS」は高まります。

ここではあまり詳しく言えませんが、この企画なら実質的なお得さは変わりません。でも、お得感は全く違います。「え～っ！　ホントにいいの⁉」というのがお客様の正直な感想です。

車に乗っている以上、ガソリンは必ず入れなければなりません。車もいずれは洗わなければなりません。どうせ年末に洗車をするのなら、この企画の今がチャンスということで、普段、ガソリンスタンドで洗車をしないお客様やたまにしかしないお客様が買うようになります。

実際、洗車券を値引き販売しているときに比べ、**2倍以上売れます**。それだけ、「ほしさ・WANTS」が高まったということです。

では、ここから、いかにしてスタートダッシュをかけ、大きく限界突破をしたのか、時間を追って見て行きましょう。

## 12月1日：事前準備が生んだ奇跡の105万円!!

「11月に事前準備をしっかりやったことが、今回の成果につながっていると思います」

すべてはこの店長カワさんの言葉に集約されると思います。

ホントに、徹底して準備をしてきました。実際に、初日がスタートすると、準備の成果が現れ、夕方には100万円が見えてきました。数字の伸びが鈍った時間もありますが、最後の最後まで粘って、100万円を突破し、105万円まで伸ばしました。

店長カワさんやサブマネ浜ちゃんによると、そのポイントは次の通りです。

①まずは、洗車券とタイヤの2品目に集中しました。洗車班とタイヤ班の各個人が店頭

でのすべきことを明確にしました。
②洗車券は事前告知を徹底し、あるノウハウを使って、11月末までに大量の予約取置きを行いました。そのうちの多くが12月1日に購入されました。
③待っているだけでは、売れません。予約取置きのお客様にはフォローもしました。
④アルバイトのリーダー格に責任を持たせ、指示命令系統をキチンとしました。12月はこれまで以上に、みんなに責任を持たせました。
⑤もちろん、12月スタートダッシュの落とし込みを11月のミーティングで全員に徹底しました。
⑥初日は、100万円が目前になったので、最後まで、あきらめずに粘りました。
⑦スタート5日間で目標1000万円の25％、250万円を達成するため、みんなが同じ方向に向いて頑張りました。
⑧毎日全員、グラフや「重点行動シート」を記入し、意識を切らさないようにしました。
⑨時間ごとにPOS実績確認と伝達も徹底的にやりました。

## 《すべてはスタートダッシュで決まる!!（サブマネ浜ちゃんの話）》

僕らにとって1000万円は、初めてのことですし、夢だったんです。だからスタッフ全員、なんとか限界突破したいという強い念いがありました。準備を重ね、11月末からスタッフ全員の夢「1000万円突破」への挑戦が始まったんです。スタートダッシュに失敗したら、絶対1000万円は達成できないことは分かっていましたので、初日100万円という大きな目標を定めて、走りました。

洗車とタイヤにポイントを絞って、スタートしました。班制も効果を発揮し、夕方には、本当に100万円が見えてきました。特に、夕方のラッシュが終わり、あと少しまで迫ったところで、アルバイトからも「100万円いきますよ！100万円いけます！」との声があがり、閉店ギリギリまで、意識を落とさずに取り組めました。

事前告知で、予約をしていただいたお客様に担当者から電話をして、来店をお願いしたり、できるだけのことをしました。これが大きかったと思います。

待っているだけでは、絶対、達成できなかった数字です。

初日の105万円突破で、12月1000万円は本当にできるんじゃないかと思えるようになりました。

## 12月5日：スタート5日間で226万円！

スタートダッシュで、火がつき、その後も勢いは止まらず、2日で130万円、3日で159万円と順調に粗利を上げました。

そして、スタート5日間でナント、カーケア粗利226万円を上げることができました。当社が集計する全国実績のランキング速報を見ても、初日からず～っとトップを走り続けることができました。

「他社に比べてダントツトップだったんで、さらにやる気がわきました。本当に1000万円できるんじゃないかと、ますます夢は現実化してきました」（サブマネ浜ちゃんの話）

実際、店頭でのスタッフの動きが違いました。意識が高く、まったくと言っていいほど、見逃しがありません。

私も何度か北店に行きましたが、「ここまでモレなく、徹底できているとは……！」と思ったほどです。

「今回は、店長の意気込みが半端じゃありません。それは、すごく感じます。11月に落とし込みをしっかりして、中心スタッフが徹底的に声をかけ、店頭でのモレのない動きになっています。洗車券、タイヤなど、的が定まっているため、組織力も最大限に発揮され

ています」(サブマネ浜ちゃんの話)

**《見学にきた他社ブロック長も意識の高さに感心!》**

**12月4日、私は他社のブロック長と営業所の巡回をしていた際に、北店の近くまで行ったので、一緒に立ち寄ることにしました。そのときの他社ブロック長の声です。**

「4日昼過ぎに、北店を訪問したら、店長がこう話されていました。『今日は目標40万円に対して、まだ10万円しかいっていません。前日も30万円の目標に対して、28万5千円で1万5000円未達でした』と、高い実績を上げているのに、強い危機感を持っていました。むしろ、危機感が強いからこそ、実績も高いということだと思います。

サブマネさんに聞いても、洗車班、タイヤ班、車検班に分担し、責任を明確にしているとのことでした。

たとえば、洗車が伸びていなかったら、洗車が強い他社の店へ見学に行き、勉強している。弱い部分を各担当者が、学びに行って、努力している。その意気込みがまったく違います。重点行動シートも全員が記入して、すべきことが明確になっています。目標意識が高く、自社の店とまったく違うということを実感しました」

## 12月13日：スタッフに、限界突破目標達成の経験をさせてあげたい！

「12月は、スタッフ全員に、大きな限界突破目標をクリアする経験をさせたいという強い念いがあります。

15日までに、500万円を達成させようと、目標を明確にし、日割にして、今、何が足りないのか、いつまでに何をすればいいのかを考えさせ、毎日、ささやいています。

11日、12日の2日間で、100万円をクリアし、予定より早く500万円は達成しそうです。

スタートしてからも毎日、翌日以降の事前準備、目標の明確化、日割、いつまでに何をするか？　ミーティング、ささやきなど、当たり前のことをやっているだけです。

まだまだ、未完成のスタッフですが、その中でよくついてきてくれています。スタッフも自信がついたのでしょう。

12月に入ってからも意識が落ちずにここまできています。

必ず、目標達成します」（店長カワさんの話）

《自分の休日に他社の店舗に見学に行くサブマネのやる気！》

**店長から指示があったわけでもないのに、サブマネ浜ちゃんは、洗車に力を入れている他社の店に見学に行きました。自分の休みの日に、車で30分以上もかけて。自分でしっかり考え、動いている証拠ですよね。**

「洗車がすごいと聞いていた店に行ってきました。お客さんとして、洗車をしてもらい、洗車の時間や、お勧めの仕方、ていねいさなどを学んできました。感じたのは、アルバイトでもしっかりお勧めトークができていることと、仕上げのよさです。やや時間はかかっていましたが、洗車のレベルは高く、全員がお勧めできていましたね」（サブマネ浜ちゃんの話）

## 12月26日：見えた1000万円！ 射程距離だ！

中盤に入っても高い実績を維持し続け、後半戦に突入しました。

この間、急に、店長カワさんが私用で、３日間、店を休まねばならなくなりました。北店にとっては、ピンチでしたが、「店長の代わりはオレがする！」という強い自覚のサブマネ浜ちゃんを中心に、スタッフが頑張り、乗り切りました。

終盤を迎えた26日には、887万円まで来ました。これで、1000万円はほぼ確実。スタッフの意気も一段と上がります。

**《社員フクちゃんの話》**

「26日で887万円となり、1000万円が射程距離になりました。これで『目標、いける、いける、いける！』と、アルバイトも声を上げてくれています。日割で、目標を指示しても、『いけます！いけます！』『あとナンボですか？』と、モチベーションが、切れません。みんながそう言ってくるので、ものすごい勢いです。絶対1000万円クリアします」

## 12月28日：1000万円達成！　12月31日：やったぜ1102万円！

社員フクちゃんの言うように、ものすごい勢いは、最後まで切れませんでした。最後の3日間は、ある意味、スタートダッシュ以上に素晴らしかったと言えます。なぜなら、29、30、31日は、オーラスのかき入れ時だったにもかかわらず、天候は最悪の状態になりました。29日が雪まじりの雨、31日は大雪。各地で通行止めが相次ぎました。

そんな中、28日、とうとう1000万円を突破しました。さらに、ラスト3日間で、100万円販売し、最終的には1102万円の見事な限界突破です。

カーケア粗利前年680万円、会社目標700万円、自主目標1000万円をオーバーする1102万円！　しかも、生産性270％！

**ホント、心からバンザ～イ！　おめでとう～！**

実は、北店、5年前の12月にも今回同様、カーケア収益1100万円の壁を破ったことがあるんです。そのときの粗利は1150万円。単純に数字だけ見ると、変わりませんが、今回は生産性が全然違います。以前をはるかに上回っています。

カーケア粗利1150万円販売したときは、ガソリンも今以上に売れていましたし、人件費の掛け方がすごかったんです。1150万円の際は、生産性が200％にも達していません。

これに対し、今回がナント270％。要するに、1人で人件費の3倍近い粗利を上げたということです。生産性、1人1人の頑張りという点では、今回が最高の記録です。

ではここで、いかにしてやる気を高め、維持してきたのかなど、スタッフの声を聞いてみましょう。

**《店長カワさんのコメント》**

## 1日コケたら、アウト。日割目標を落とさないこと。

**「大きな目標に挑戦する場合、1日でもコケたら、やっぱりかと思って、すぐ崩れることは分かっていましたので、毎日、いつまでに、何を、どのように、誰がすればいいのか？　数字を含めて言い続けました」**

この言葉通り、日割目標はずっと達成し続けていました。すでに触れましたが、中旬、店長カワさんの急な私用で、どうしても3日間、休まないといけない日があり、休みの最初の日だけ、日割を落としてしまいました。店長カワさんが不在の間、サブマネ浜ちゃんが中心になって頑張り、ほとんど影響を受けずに、乗り切りました。

このときの頑張りがまた、浜ちゃんらスタッフの成長につながったわけです。

**「12月1000万円突破したのはうれしいんですが、それ以上に、みんなが成長してくれたことがうれしいです」**

私も、同感……です！

**《サブマネ浜ちゃんは言います。》**

**「伝えなかったら伝わらない。伝えに伝え、伝え続けた1ヵ月」**

意識を落とさないために活用していたのが「重点行動シート」と数字の意味をしっかり伝えることです。

**「よく社員が、電卓をはじいて数字を計算していますが、その数字や、内容を口でスタッフに伝えなかったら、何も知らないいし、動かないじゃないですか。だから、僕は、数字や今ある情報を伝えに伝え続けました」**

**その上で、自分達で考え、自分達で決めて、行動する。**

**これが自信と責任感を生み出しました。**

**「自分達で考えたことを進めて、その結果、成果が上がるので、やる気も倍増します」**

## 《タイヤ班長アルバイトの話》

## 絆を深めた連絡帳

「重点行動シート」だけでなく、スタッフ間のコミュニケーションをよくするため、タイヤ班は、連絡帳を使い始めました。これも、誰かにやれと指示されたのではなく、何とかして、目標を達成したい、限界突破したいという班長のアイデアで始めたものです。

何度も言いますが、タイヤ班の班長は、アルバイトですよ！ ア・ル・バ・イ・ト！

**「タイヤ班長になり、何とか目標をやり切ろうと考え、いろいろと準備してきました。どのようにして、自分もみんなも意識を切らさずにできるかを考えました。**

**その中で、連絡帳を作ることにしました。**

**毎日、タイヤ班のスタッフが気づいたこと、反省などを書いて帰る。それを全員が見て、お互いにアドバイスを書いていく。これが、スタッフの絆を深めるきっかけになりました。**

**数字に関しては、毎日、あと何本かを明確にし、1時間おきに、ささやいて確認しました。スタッフ全員、数字は耳にタコができるくらい言いましたので、自然と数字は覚えてくれるようになりました。これで、数字への意識付けができましたね」**

北店に限らず、どんな会社、営業所でもスタッフ間のコミュニケーションがうまく取れない、指示命令系統が機能していない、報連相が不十分で苦労している……といった声はよく聞きます。

でも、答えは簡単なんですよね。アルバイトのタイヤ班長が言うように、たとえば、「連絡帳」。単に数字を記入する日報ではなく、使い方一つで、ほとんどの問題は解決します。もちろん、「重点行動シート」でも解決します。

ま、あとは、やるかどうか!……ですね。

## 限界突破!

北店のケースでお伝えしたかったのは、ただ単にカーケア粗利1102万円というスゴイ記録を作った北店の姿ではなく、店長カワさん、サブマネ浜ちゃんをはじめとするスタッフみんなの成長のプロセスです。

**つまり、北店がいかにして、限界突破したのか？**
**その考え方、行動、過程が大切です。**

北店は春のタイヤキャンペーンの失敗から反省し、具体的な手を打ち、スタッフを育成し、レベルアップを図ってきました。

12月の限界突破に向け、早くから事前準備を進め、スタート後も意識と行動を切らさないよう、流されないよう、重点行動シートなど、徹底的なフォローを続けました。

だから、踏ん張ることができ、限界突破できたんです。

「1000万円を絶対やる！」と言った店長カワさんやサブマネ浜ちゃんのように、強い念いで的、目標を定めていますか？

次に、目標に至るための計画、流れをしっかりと作り、現場レベルでの行動改革を日々行っていますか？

最後まであきらめずに、やり続けていますか？

その結果、成果は着実に上がります。売上げは上がります。それ以上に、社員、スタッフが成長します。

スタッフの成長ぶりについて、目を細めて語っていた店長カワさんのうれしそうな姿が忘れられません。みんなの成長が心の限界突破、行動の限界突破、そして成果の限界突破を実現したわけです。

## 事例5 歯科医で売上げ2倍！

### 「WIN・WIN」で医院と患者様が理想的な関係になり、収益30％アップ

### 私たち、みんな、こんなに成長しました！

次に、歯科医院の事例を紹介します。

この歯医者さんは、「ホワイトフィット」のトーク事例で、登場していただいたところです。ドクター1人、歯科衛生士3〜4人体制で、収益は毎年30％もアップし、自費（保

険のきかない治療）売上げは２００％アップという素晴らしい成果を上げ続けています。コンサルティング開始当初は、院長であるドクターと衛生士さんたちスタッフのコミュニケーションも悪く、はっきり言って意識も行動もバラバラ……。的もなく、歯車がまったくかみ合っていない状態でした。

それが今では、みんなが同じ理想、目標に向かって一丸となり、スキルアップ、接客向上、アプローチに意欲的に取り組み、他の歯科医院から見学に来られるほどになりました。

歯科衛生士チーフ鈴木さんのコメント、続いて、院長先生、スタッフの声をお聞きください。

**〈歯科衛生士チーフ鈴木さん〉**

アデイナスの研修を通じて、スタッフの意識がどのように変わってきたか、どれだけ売上げにつながってきたかというところを簡単に説明させて頂きます。

正直、今の状態で、保険点数だけで売上げを伸ばしていくのは非常に難しいということで、前々から院長と自費を伸ばしていこうと話し合ってきましたが、実際、手を打って実践していくということは、なかなかできていなかったというのが、現状です。

実際、衛生士の私たちに何ができるのか考えました。そのとき、アデイナスの砂田さんから「何がやりたいねん？」と言われ、審美歯科に興味があった私は「ホワイトニングがやりたいです」と言ったら、砂田さんが「ニーズはあるの？」と言われました。

これまで審美に興味のある患者さんや歯を白くしたい患者さんにしかしていませんでした。興味のない砂田さんに、なかなか理解して頂けなかったのです。

「全員に説明しているか？」と言われたときに、「総義歯（総入れ歯）のおじいちゃんに説明してもなぁ……」と思っていたのですが、結果から言うと、今現在では、総義歯のおじいちゃんにまで説明しています。

なぜ、そうなったか。私1人でやっていたことですが、スタッフにホワイトニングを理解してもらって勧めていけるように、教育から始めました。まず始めたのがマニュアル作成でした。それからアデイナスのデザイナー福田さんに協力して頂いて、パンフレット、ポスター、チラシなど、スタッフみんなで作っていきました。

ツール類を**自分達で作り上げていくことがすごく勉強になり、自信にもつながったな**あと思います。

ツール類ができると、今度はロールプレイです。お互いに説明し合うという**ロールプレイを行うことで、話術のスキルアップにもつながった**と思います。

さらに、ここからが大事なのですが、**砂田さんの研修を通じて、スタッフの目標**

**や念いが1つ1つ出来上がり、個人個人が情熱を持って働けるようになりました。砂田さんの研修は、仕事のみならず人生において、勉強になる話も多く、自分の弱み、強みを発見し、スタッフが本当に相手のことを思いやって、相手の立場に立って考えていけるようになったと思います。その結果、ホワイトニングは、どんどん成功していきました。**

それと並行して、歯が白くなっていくので、補綴（ほてつ）物＝詰め物が黄色く見えてくるので、白く綺麗なものを入れたいという患者さんの声が多くなり、補綴物のマニュアルを作り、力を注ぎこむようになりました。

今では、歯科衛生士が患者さんに対して、ドクターが立てた自費プランを提案し、説明しています。その中には、インプラントという高額商品もあります。今までは院長が説明するのが当たり前と思っていましたが、院長の忙しい時間を割いてもらうのはどうかなと思い、審美的な感覚は女性の方が優れているとも思いますので、歯科衛生士や助手が勧めています。その結果、月10人程度だったホワイトニングが60人程度になり、確実にメンテナンスにつながっています。

今年の**自費治療売上げは去年の2倍以上。その中で、衛生士が獲得した自費は7～8割を占めています。最近では、たった1日で、衛生士2人が自費治療を**

**200万円も獲得しました。**正直ここまでできるとは思っていませんでした。

最初は、砂田さんに泣きついて「(お勧めするのが)恐いんです」と言っていました。砂田さんから「悪徳商売をしているのか。違うやろ。こんないい商品を患者さんのために勧めているのに、何の抵抗があるんや、もっと自信を持ってやれ！」と喝を入れられました。

実際、自信を持って説明すると、たとえ総義歯のおじいちゃんでも、その方から情報が流れて、興味のある人が来てくれるというよい結果につながっています。

高い商品であっても患者さんが喜んで帰ってくださる姿を見たら、「W-N-W-N思考」というのが徐々に実践できているのかなと思います。

私たちがここまで成長することができたのも、アデイナスを信頼して紹介してくれた院長のお陰でもありますし、温かく応援してくださったアデイナスの皆様のお陰だと心から感謝しております。

ありがとうございました。

**〈歯科医師・喜島先生〉**

アデイナスさんにコンサルティングを頼んだのは、歯科専門のコンサルタントではないからです。私の親が歯科材料の関係の仕事をしていましたが、歯科医院の場合、以前は特に営業努力をしなくても患者さんがいっぱい来る時代でした。

そんな時代がそろそろ終わり、将来的には、それぞれが個性を伸ばすとか色々な努力をしないと、患者さんが離れていく……。しかも、歯科医院も増えて、なかなかしんどい……という面は出てきているのですが、昔から思っていたのは、歯科医院の営業というのは、何もやっていないため、その分、歯科医院のコンサルタントに頼むと、レベルが低いんじゃないかと思って、**大きな企業とかでやっていっている歯科医院専門ではないコンサルティング会社にしようと思い、アデイナスさんに頼みました。**

コンサルタントを使うのは初めてですが、一般の企業で色々とやっておられ、一から色々なものを作っていくため、しんどい面もありますが、今、思えば頼んでよかったと思います。

**結果的には、スタッフの方もどんどん意欲が向上して、非常にいい状態になっています。**それぞれが本当に一生懸命やってくれ、ありがたく感じています。

そういう面でやってよかったと思いました。

**〈歯科衛生士・西出さん〉**

コンサルタントに入って頂いて、砂田さんに初めてお会いした時に思ったのは、**「これから何が始まるのやろ？」と不安でいっぱいでした。**

そういう経験がなかったので、自分の悪いところばかり指摘されたり、怒られたり、そういうのが始まるのかなあというドキドキのスタートでした。

始まって、初めの研修で教えて頂いたのが、「W－N－W－N思考」、患者さんも提供する側の自分たちも、どちらも「W－N－W－N」であるのが一番だって……。

それを聞いて、当たり前のことだけれども、患者さんの気持ちを毎回考えて、その人の気持ちになって、その人もプラスになって、自分たちもプラスの診療ができているのかなとすごく考えました。

考えているつもりでも、毎回、患者さんを見るたび、1日を振り返るたびに思うのは、やはり、反省点がすごく多いなということでした。反省をしているつもりでも、**研修を受けるたびに実感していくのは、「なんて考えが薄かったのだろう」と感じることがすごく多くありました。**

自分がどう変わったかはなかなか分かりませんが、**自分と接する患者さんの態度や親しみ感が、やっぱり変わったような気がします。**

本当に心から私の言葉や話を聞こうとして下さる姿勢、逆に、私もこの人（患者さん）

の話をもっと聞きたい、「何が望みやろ？」「どうしたいんやろ？」と、本当に納得いくまでお互い話し合おうというのができるようになった気がします。

前はどこかで、「それは私の範囲じゃない」とか、妥協している部分とか、「ここは先生に任せよう」とかという部分はあったんですが、もちろん今でも、先生のやるべき領域のところは先生に任せます。

でも自分ができることとか、自分だからこそできることとかはできるだけ見逃さないように、自分が、自分が、とならずに、適度に先生にお願いするところもあり、他の人の知恵を借りて、成長につなげていけたらなといつも思っています。

それでもまだまだ進歩のない部分ももちろんありますが、**今、一番思うのは、スタッフが一丸となって、みんなが的を定めて前進していれば、少しであっても大幅であっても、やっぱり、何か得るものがあるし、毎日、進歩できるっていうのは確信しているの**で、そこは自信を持って、去年の自分達以上に確実に進歩はできていると思っています。

**〈歯科衛生士・中村さん〉**

ホワイトニングのこととか、ホームページのこととか、自分たちだけだと、結局、話がまとまらないことや方向がずれることが多い中、**研修を受けると、また改めて方向がしっかりし、ツールもしっかりすることがあったので、こういう機会がなければ、今、ここまでの医院になっていなかった**かなと思います。ああしたい、こうしたいだけで、全然、定まっていなかったと思います。

みんなで講習を受けることによって、1つにまとまってきているなというのも感じるのでよかったです。なければ、今のようにならないというのを感じています。

まだまだ足りないところが多いので、協力しながらもっともっと大きくできるようにしていきたいと思います。

**〈受付・助手・瀧野さん〉**

私は、受付と助手をさせて頂いているのですが、最初にアデイナスの研修を受けさせて頂いた時は、全く（自分には）関係ないと思っていたのが、本音です。

受付も助手もホワイトニングのことを全く触らなくていいと思っていたんですけども、アデイナスの研修を受けてホワイトニングを、まず、みんなで知っていこうということになりました。

一緒にツール類、パンフレットを作っていくうちに、**みんなの思いが一つになって**

**いったと思います。それが、とても明確でよかったと思います。それを通じて、スタッフ間の信頼感が生まれたこともうれしく思いました。**

受付でも、待合室で待たれている方に、パンフレットを渡していこうということになりました。

最初は全然、渡せないと思っていました。逆に、受付でお会計を待たれている方に、さらに、時間を持たせることになると思って、渡せなかったのが現状でした。

そこからどうやったら渡せるのかなというのを考えていき、一応、パンフレットだけでも渡してみようかなと思って頑張って渡しています。

受付でも他にできることということで、チーフから担当を任されて、経理をすることになりました。経理で去年の自費、今年の自費の売上げを見ていると、やはり、今年の方が断然よいのが分かりました。みんなで頑張って「売上げを伸ばしていこう」「自費を頑張っていこう」ということが、すごい自分の心の中にも響いてきました。何か手伝えることはないかということも考えて、説明とかにも協力するようにと頑張ってきたつもりです。

**砂田さんの研修を受けて、スタッフが全員、頑張って、売上げが違ったのでとてもよかったです。**

去年1年と今年の1年と考えてみると、やはり全然違うもので、みんなが1つになって前進して、進歩しているなと思いました。**アディナスの研修を受けて、チーフの鈴木さんが言っていたとおり、人生にも勉強になりました**。心構え一つでモノが売れること、売れないこともあるのだなということもわかりました。**モノで見るのではなく、心で見ていくんだなと思いました。**アディナスの研修を受けてとても成長になりました。ありがとうございました。


**いかがでしたか?**

**最後に、もう一度、言います。**

**「四正道・WIN・WIN」の考え方をベースに、的(マト)を定め、スキル、腕を磨き、体制、準備を整え、重点行動を展開する。**

**そうすれば、限界突破は夢物語ではなく、現実になります。**

実践する全国の仲間が、それを証明し続けています。
ともに限界突破しましょう！

あとがき

# 恥をしのんで言いますが……

当社がクライアントとともに実践する「売上げ限界突破法」コンサルティングの考え方、ノウハウ、事例について、ご説明してきましたが、実は、当社アデイナスも痛い目にあった時期があります。

当社は1990年10月4日、新大阪駅近くのワンルームマンションで、産声を上げました。以来、コンサルティング業務を続け、それこそ順調に成果を上げてきました。

あなたもよくご存知の一部上場企業のコンサルティング・協力会社に指定されたり、この大企業が毎年開催する1000人規模の全国マネージャー大会で、講演などをさせて頂いたり、北は北海道・札幌から、南は九州・長崎まで、コンサルティングや社員研修、現場フォローに走り回ってきました。

一時は、手一杯で、仕事を断る状態でした。

でも、いいことばかりではありません。

ある時期を境に、業績は急落。あまりにも激しい売上げの落ち込みに、背筋が冷たくなりました。


**成功続きで、テングになっていたんです。**


成功のときこそ、次の手を打たなければならないのに、この世の春がいつまでも続くと勘違いして、油断し、慢心していたんです。

それこそ、「大変」なことになりました。成功体験でうぬぼれ、自分を、自社を、「大」きく「変」えることができなかったんです。

そこで、何が悪いのか？　何をどうすればいいのか？

仕事のやり方、仕組み、手法、そして、思いや考え方、本来の会社の使命、志を徹底的に見直しました。脳が汗をかくくらい、悩んで悩み抜き、考えて考え抜きました。

自分のこれまでの生き方、人生を徹底的に反省し、みずからの心の傾向性、考え方のパターンを見つめ、何のために生まれ、これから何をしていくのか？　仕事を通じて、どんな使命を果たすのか？　社会の発展、ユートピア建設に、どのように貢献するのか？など、とことん見つめました。

にわかには信じられないかもしれませんが、およそ3年間、自分自身の心の奥に問い続けた結果、40数年前に自分が生まれたときから、現在までの人生の意味や流れが分かったんです。

それだけでなく、生まれる前に、立ててきた**自分の人生計画、志が分かりました**。

もしかすると、それは単なる思い込みかも知れません。でも、自分としては、心底、分かったという感覚をつかんだわけです。

**そこで、あらゆることをリセットしました。**

今でも、それは続いていますが、志、目標を何度も問い直し、実現のための具体策を練り抜き、クライアントと一緒になって実践して、検証し、信じて実行し続けました。

つまり、的が定まったのです。そして、重点行動を展開し始めたのです。

そこで改めて気づきました。

**成功には法則がある、**ということを。

それからさらに3年かけて、実践レベルで体系化したのが本書で紹介した限界突破のためのの考え方やノウハウ、ツールであり、当社アデイナスの「売上げ限界突破法」コンサルティングです。

是非、実践してみてください。参考に添付したシート類を活用してみてください。少なくとも、この本を読まれる前よりは、限界突破している自分に気づかれるでしょう。

シート類は当社ホームページ《限界突破ドットコム　http://wwwgenkaitoppa.com》からダウンロードできます。さらにメルマガに登録すると、最新事例やノウハウが読めます。

最後まで読んでくださった皆様への感謝とささやかなお礼です。

２００６年8月30日

48回目の誕生日を迎えて、これまで私を育み、生かしてくれたすべての存在に感謝を込めて

砂田　淳

## ●参考書籍


『常勝思考』大川隆法（幸福の科学出版）
『常勝の法』（同）
『幸福の法』（同）
『7つの習慣』スティーブン・コヴィー（キングベアー出版）
『60分間・企業ダントツ化プロジェクト』神田昌典（ダイヤモンド社）
『あなたの会社が90日で儲かる！』神田昌典（フォレスト出版）
『小倉昌男経営学』小倉昌男（日経ＢＰ社）
『ホイラーの法則』Ｅ・ホイラー（ビジネス社）
『カリスマ体育教師の常勝教育』原田隆史（日経ＢＰ社）
『指導者の条件』松下幸之助（ＰＨＰ研究所）
『イノベーションと起業家精神（上・下）』Ｐ・Ｆ・ドラッカー（ダイヤモンド社）
『組織の盛衰―何が企業の命運を決めるのか』堺屋太一（ＰＨＰ研究所）
『社長の販売学』一倉定（産能大学出版部）
『トヨタ式人間力』若松義人、近藤哲夫（ダイヤモンド社）
『ザ・トヨタウェイ実践編（上・下）』ジェフリー・Ｋ・ライカー（日経ＢＰ社）
『上杉鷹山の経営学』童門冬二（ＰＨＰ研究所）
『成功への情熱－ＰＡＳＳＩＯＮ』稲盛和夫（ＰＨＰ研究所）

**著者プロフィール**

## 砂田 淳（すなだ・きよし）

1958年生まれ。㈱アディナス代表取締役。経営コンサルタント。空手黒帯（実戦派）にして元新聞記者ならではの抜群のフットワークで、年間200回以上のセミナー、研修を行い、毎月40ヵ所以上の現場を巡回する実践指導型の熱血コンサルタント。上場企業から中小企業まで全国約1000ヵ所のクライアント拠点で、売上げアップのためのノウハウを提供。独自の理念とイノベーションの実践体系である「売上げ限界突破法」で収益V字回復する企業が続出中。マーケティング、顧客満足度調査、企業診断、幹部研修、社員・アルバイト教育、販促ノウハウ開発、企画・運営、ツールやデザイン、ビデオの制作も行う。モットーは「四正道・WIN-WINで限界突破」。

**ホームページ「限界突破ドットコム」**
http://www.genkaitoppa.com

**ブログ　実録! コンサル社長の「売上げ限界突破法」**
楽天版　http://plaza.rakuten.co.jp/777sunada/

---

# 10メートル先の100万円

## 目からウロコの売上げ限界突破法

2006年9月27日　初版第1刷発行
2014年7月27日　　　第9刷発行

著　者／砂田 淳
発行者／本地川 瑞祥
発行所／幸福の科学出版株式会社
〒107-0052 東京都港区赤坂2丁目10番14号
TEL(03)5573-7700
http://www.irhpress.co.jp/

印刷・製本／大盛印刷株式会社


ISBN 978-4-87688-558-9

## トレンドをつくる珠玉の叡智・大川隆法 法シリーズ

# 忍耐の法

### 「常識」を逆転させるために

「忍耐」とは、あなたを「成功」へと導く最大の武器だ！ 人生のあらゆる苦難を乗り越え、夢や志を実現させる方法が一冊に。混迷の現代を生きる人に贈る「法シリーズ」第20作。

2,000円（税別）

# 未来の法

### 新たなる地球世紀へ

暗い世相に負けるな！ 悲観的な自己像に縛られるな！ 未来を拓く鍵は、一人ひとりの心のなかにある。

2,000円（税別）

# 創造の法

### 常識を破壊し、新時代を拓く

アイデアを得る秘訣、インスピレーション獲得法など、仕事や人生の付加価値を高める実践法が満載。

1,800円（税別）

## 自分を磨く。不況に打ち克つ・大川隆法 ベストセラーズ

# 不況に打ち克つ仕事法

### リストラ予備軍への警告

不況やリストラから、自分を守り、
家族を守り、企業を守るために——。
深い人間学と実績に裏打ちされた、
ビジネス論・経営論のエッセンス。

2,200円（税別）

---

# サバイバルする社員の条件

### リストラされない幸福の防波堤

「消費税増税」「脱原発」で大恐慌時代、到来!?

資格や学歴だけでは測れない、あなたの「リストラ性格」をチェック！　不況であっても会社が手放さない人材の３つの共通項とは？

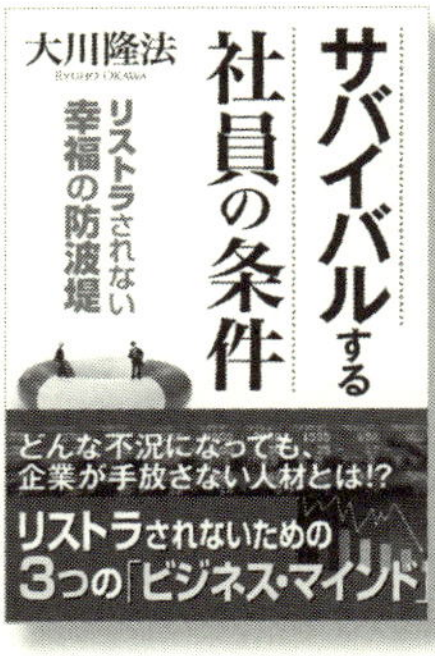


1,400円（税別）

---

# 仕事と愛

### スーパーエリートの条件

人は、なぜ働くのか。どうすれば
成功し、幸福を得ることができる
のか。すべてのビジネスパーソン
の疑問に答える仕事論の決定版。

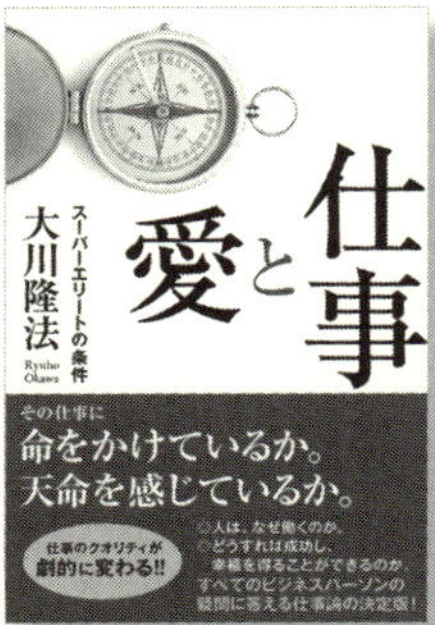


1,800円（税別）

## トレンドをつくる珠玉の叡智・大川隆法 ベストセラーズ

# 繁栄思考

### 無限の富を引き寄せる法則

政府の見解やマスコミの論調によって、豊かになることをあきらめてしまった日本。この閉塞感を打破し、未来を拓くには何が必要なのか。日本を繁栄させる秘策が説き明かされる。

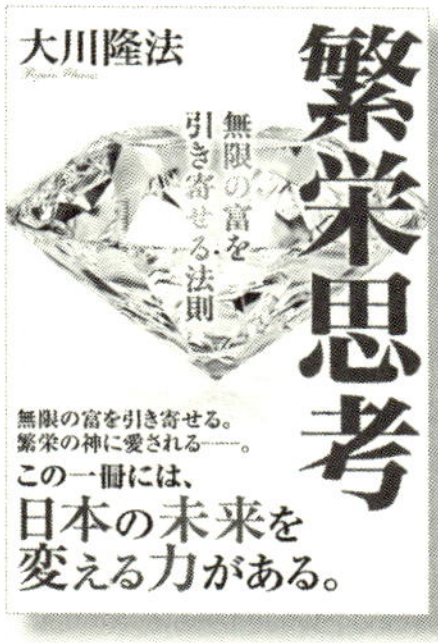


2,000円（税別）

# 常勝思考

### 人生に敗北などないのだ。

発刊以来、全世界から圧倒的な共感が寄せられている200万部突破のミリオンセラー。政治的にも経済的にも混迷の度を深める今こそ、「常勝思考」が必要だ！

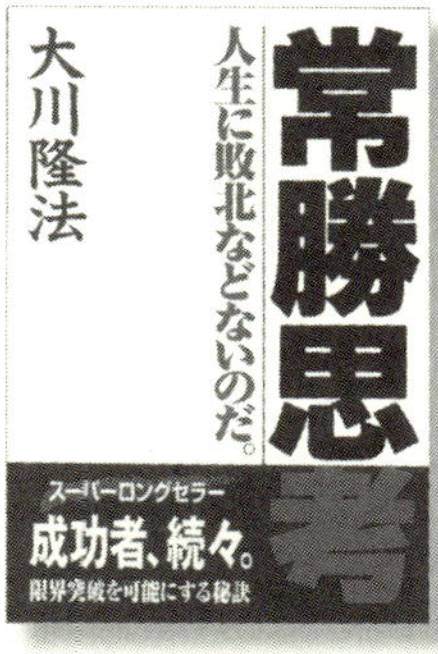


1,456円（税別）

# 発展思考

### 無限の富をあなたに

豊かさ、発展、幸福、富、成功など、多くの人々が関心を持つテーマに対し、あの世からの視点をも加えて解説した成功論の決定版。

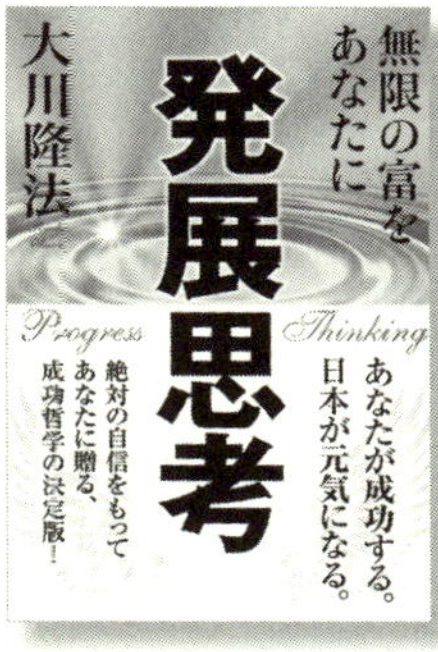


1,800円（税別）

## 未来が見える、打つ手が決まる・大川隆法 公開霊言シリーズ

# 逆転の経営術

### 守護霊インタビュー ジャック・ウェルチ、カルロス・ゴーン、ビル・ゲイツ

会社再建の秘訣から、逆境の乗り越え方、
そして無限の富をつくりだす方法まで——。
世界トップクラスの経営者たちが、守護霊
による霊言を通して本年を明かす。

10,000円[函入り](税別)

---

### 公開霊言

# スティーブ・ジョブズ 衝撃の復活

ジョブズがもう一度、世界を驚かせる。世
界を本気で変えたければ、自由であれ。シ
ンプルであれ。クレイジーであれ。
【日英対訳】

2,700円(税別)

---

# ウォルト・ディズニー「感動を与える魔法」の秘密

世界の人々から愛される「夢と魔法の国」
ディズニー・ランド。そのイマジネーショ
ンとクリエーションの秘密が、創業者自
身によって語られる。

1,500円(税別)

「新・教養の大陸シリーズ」人生に光を。心に糧を。

# 大富豪になる方法

## 無限の富を生み出す

安田善次郎著

無一文から身を起こし、一代で四台財閥の一角を成した立志伝中の人物、日本の銀行王と呼ばれた安田善次郎。なぜ、幕末から明治にかけての激動期に、大きな挫折を味わうこともなく、巨富を築くことができたのか。その秘訣を本人自信が縦横に語った一冊。蓄財の秘訣から仕事のヒント、銀行経営の手法まで網羅した成功理論の決定版。

---

# 大富豪の条件

## ７つの富の使い道

アンドリュー・カーネギー著
桑原俊明＝訳／鈴木真実哉＝解説

富者の使命は、神より託された富を、社会の繁栄のために活かすことである――。19世紀アメリカを代表する企業家、鉄鋼王アンドリュー・カーネギーが自ら実践した、富を蓄積し、活かすための思想。これまで邦訳されていなかった、富に対する考え方や具体的な富の使い道を明らかにし、日本が格差問題を乗り越え、さらに繁栄し続けるためにも重要な一書。

---

# 本多静六の努力論

## 人はなぜ働くのか

本多静六著

日本最初の林学博士である本多静六は、明治から昭和にかけて、日比谷公園や明治神宮の森をはじめ、全国各地の水源林や防風林の整備、都市公園の設計改良など多大な業績を残し、一介の大学教授でありながら、「四分の一貯蓄法」により、巨万の富を築いた。本書は宇宙論から始まり、幸福論、仕事論、努力の大切さを述べた、本多思想の全体像をつかむ上で最適の一冊。

すべて定価 1,200円（税別）